リスクに備える最新情報版

大学生が狙われる50の危険

学生と親の[illegible]全・安心マニュアル

JN013176

株式会社三菱総合研究所
全国大学生活協同組合連合会
日本コープ共済生活協同組合連合会
奈良由美子（放送大学教授・リスクマネジメント学）
マンガ／緒方京子

青春出版社

はじめに——せっかく手に入れた大学生活を有意義なものにするために

新型コロナウイルスのパンデミックが世界を覆いました。大学生になろうとしていた人も、現役の大学生も、就職活動を迎えていた学生も、大きな影響を受けました。そして、感染拡大の波を乗り越えて、大学も元の姿に戻ろうとしたり、新しい姿を追い求めたりしています。

とはいえ、どんな時代でも、大学生になるほとんどの人は、社会に出る前の最後の数年を、新しい場所、新しい仲間と迎え、それまでとはまったく違う世界に飛び込んでいくことになります。

どの講義を選択するのか、講義以外の時間をどう過ごすのか、何を専攻し、どんな進路を選ぶのか。みんな自分で考えて、決めていかなければなりません。

体育会や文化部、サークルの活動、研究室やゼミなどの活動もあります。同級生や先輩、後輩などとの新しい出会いも待っているでしょう。一生の友人を得るかもしれません。

やがて企業のインターンに参加したり、先輩やOB・OGから話を聞いたり、自分のことを見つめ直したりしながら就職活動も始まり、そして社会に羽ばたく瞬間も近づいていきます。

そんな学生生活の中で、さまざまな出来事に遭遇することでしょう。いいこともあれば、なぜこんな目に遭うのかと嘆くこともあるかもしれません。いろいろなことを体験し、時には失敗することで人は成長していくものです。しかし、あまりに大きすぎる失敗や、取り返しのつかない被害には遭遇しないに越したことはありません。

サークル活動を装《よそお》った怪しい団体からの勧誘、いかにも得をしそうな話を持ち掛けてくる販売業者、身に覚えのない請求書など、いろいろな誘惑があなたを待ち受けています。

成人でありながら学生という、まだ社会に慣れていない立場や、就活に向けての不安な思いに付け込んでくる悪質な業者も多く存在します。ＳＮＳやアルバイト先でのトラブルなども多く報告されていますし、大麻や危険ドラッグなどの甘いわなが身近に迫ってくることもあります。

また、日本ではどこにいても地震に遭遇する危険性が高く、大雨、台風などの自然災害もその激しさが増すばかりで、いつどこでそんな出来事に遭遇するかはわかりません。


そんなみなさんの学生生活を応援するために、本書では学生生活にひそむ危険とその対応策を50項目に取りまとめて紹介しました。２０２０年2月に刊行した同シリーズに最新情報を加えて大幅にリニューアルしたものです。

本書を通じて、読者のみなさんが大学生活にひそむ危険とそれへの対処のしかたを理解・実践し、大きな被害を受けることなく充実した学生生活を過ごせるよう、執筆者一同、心より応援しています。

第6章 大学生として自覚したい立場と責任
リスクを避けるだけではいけない！ 137

カバー・本文マンガ◎緒方京子
本文デザイン◎二ノ宮　匡
図表作成・DTP◎エヌケイクルー

登場人物紹介

鈴木《すずき》春人《はると》
（主人公）

高橋《たかはし》優奈《ゆうな》
（主人公）

佐藤《さとう》瑛太《えいた》
（春人の大学の友人）

久保田《くぼた》嘉子《よしこ》
（優奈の大学の友人）

元渕《もとぶち》泰地《たいち》
（春人の高校時代の友人）

タヌロー
（CO・OP 学生総合共済のキャラクター）

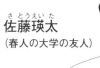

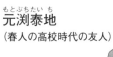

新入生は特に注意！

大学生が狙われるいまどきの危険

第1章

高校時代からの友人
泰地
そっちの入学式は
どんな感じ？
俺、応援部に
入ることにしたよ
部活、もう決めたの？
早いな
今度、新歓コンパ！
コロナのせいで3年ぶり
なんだって
おっ
今度は
泰地からだ
ピコン…
おっと、
応援部が
出てきた！
こっちも応援部が
出てきた！

高橋優奈
青春大学入学
私のクラスはこっちかな
スッ…
おっと、ごめん
ごめんなさい、こちらこそ
やべ、オリエン、始まっちゃう
じゃ！
いけない、私も遅れちゃう

オリエンテーション
カタン
ガタガタガタ
じ、地震！
ザワザワ…
ザワ…
この建物は安全だから落ち着いて
びっくりしたね、大丈夫？
うん、平気、平気
驚いたね
私、高橋優奈、よろしくね！
私、久保田嘉子、これからよろしく！
Yahaa！防災
地震情報

何、見てるの？
震度3程度で、特に交通機関にも影響なし、
ここは津波の心配もないみたいだよ
へぇ、すぐ分かるんだ
俺、佐藤瑛太、君は？
瑛太!?
俺だよ俺、鈴木春人！
えっ、君が春人か！
入学前にSNSのグループでつながっていたけど顔合わせるの初めてだね
よろしく！

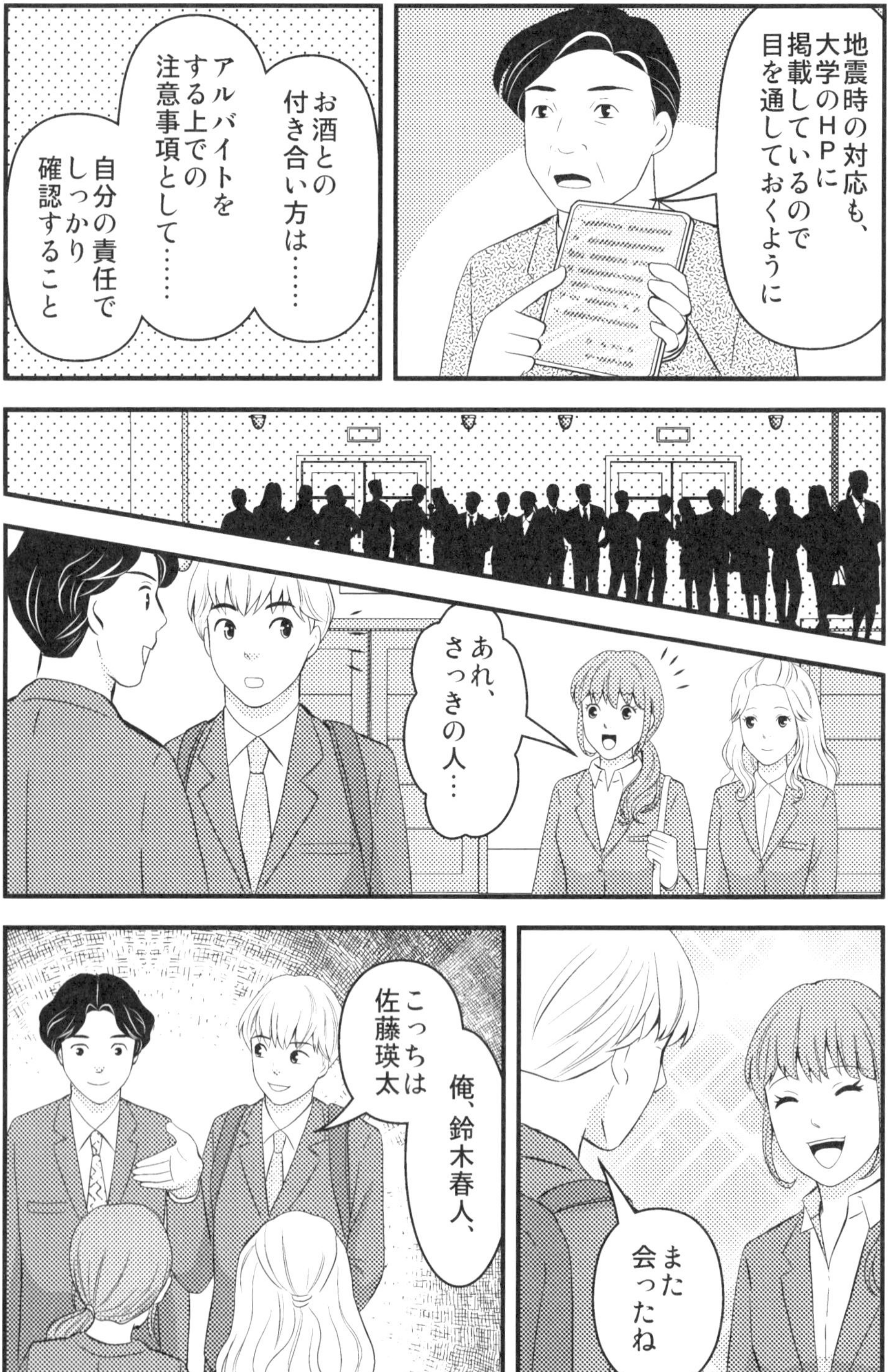

地震時の対応も、大学のHPに掲載しているので目を通しておくように
お酒との付き合い方は……
アルバイトをする上での注意事項として……
自分の責任でしっかり確認すること
あれ、さっきの人…
俺、鈴木春人、
こっちは佐藤瑛太
また会ったね

入学前からSNSで知り合ってたんだ
会うの初めてだけど
よろしく!
私、高橋優奈
こちらは久保田嘉子ちゃん
さっきオリエンで知り合ったの
よろしく!
こうして、彼・彼女らの大学生活が幕を開けた!

01

新入生勧誘にひそむ〝わな〟

――怪しいクラブやサークルを見抜くために

聞こえのいい言葉で勧誘する怪しいサークルに要注意！

大学でのクラブやサークル活動は、学生生活を彩《いろど》る貴重な課外活動です。学部や学科、学年を超えた新しい出会いに加え、他大学の学生との交流の場も待っています。

入学時期は、クラブやサークルにとって新しい仲間を集める大切な時期で、キャンパスやSNS上で活発な勧誘活動が繰り広げられます。

同じ大学に入学する仲間とのSNSを通じた交流は、入学前から始まる場合もあり、友だちができたり、いろいろな情報交換ができたりと良い面もあります。しかし、中には怪しい参加者も紛れているかもしれません。実際に会ったことのない人との交流には注意が必要です。

たとえば、勧誘時とは話が異なり、ひとたび足を踏み入れてしまうとなかなか抜け出せなくなるような怪しい団体も存在します。表向きは文化系のサークルを装い、さまざまなボランティア活動や国際交流を行っていると言ったり、スポーツ系のサークルを装って初めてでも気軽に始められるなどと言ったりして本来の活動を隠し、あの手この手で新入生を勧誘します。しかし、実態としては反社会的な活動を行っていたり、教祖の経済的搾取《さくしゅ》などのために信者を利用したりする団体もあります。

宗教団体からの勧誘が毎年トラブルの上位に

大学生協のアンケート調査『CAMPUS LIFE DATA 2021』で、大学入学後に遭遇したトラブルでは「宗教団体からのしつこい勧誘」が毎年上位となっています。こうした勧誘は、入学式の季節に限らず1年を通して行われています。

こうした団体に入ると、次のような危険に遭遇する恐れがあります。

（図表1）大学生が遭遇したトラブル上位5位

順位	全体	自宅生	下宿生
1	バイト先での金銭や労働環境のトラブル	バイト先での金銭や労働環境のトラブル	訪問販売契約
2	訪問販売契約	SNSでのやりとりでのトラブル	宗教団体からのしつこい勧誘
3	宗教団体からのしつこい勧誘	痴漢や大学外の人間関係でのセクハラ	バイト先での金銭や労働環境のトラブル
4	SNSでのやりとりでのトラブル	宗教団体からのしつこい勧誘	自転車による交通事故
5	自転車による交通事故	自転車以外の交通事故	SNSでのやりとりでのトラブル

出典：全国大学生活協同組合連合会『CAMPUS LIFE DATA 2021』

- 会費と称して大金を払わされる
- さまざまな活動への参加を強要され、授業への出席が困難になる
- やめようと思っても抜け出すことができない
- 自らも勧誘活動に手を染め、貴重な友人を失ってしまう

不審に思ったらまずは断り、友人や両親、大学に相談することが重要です。

勧誘を断りにくいケースなどはすぐに信頼できる人に相談を

最近では、多くの大学で注意を喚起する呼びかけやチラシなどを準備し、オリエンテーションなどでその危険性を学生に伝えるようにしています。悪質な団体には、オリエンテーション前や入学手続きのころから勧誘活動を始めるところもありますので、十分に注意してください。

断る勇気、抜け出す勇気が必要です。簡単に断れないケースや友だち、親にも相談しにくい場合もあるかもしれません。そのようなときは大学の相談窓口などを利用しましょう。

一人で悩んでいても問題は解決しません。一歩、踏み出す努力をしてみてください。それだけで、悩みが解消されることも多いのです。

危険を防ぐポイント

1. 不審に思ったら、話は聞かないようにして、とにかく断ろう
2. 入会してしまったら、友人や親に相談しよう
3. 大学の相談窓口などを利用しよう

02

飲酒・アルコール中毒
──成人しても、お酒は20歳から

新入生は特に要注意！お酒に対する正しい理解を

2022年4月、20歳から18歳へ成年年齢が引き下げられましたが、飲酒は喫煙、ギャンブルなどとともに20歳未満には禁止されています。大学生になると、部活動やサークル、ゼミなどで飲み会が催されることも多く、お酒が出る場に参加する機会が増えることでしょう。

20歳を超えて周囲の先輩たちがお酒を飲む中で、新入生は、大学に入学したという解放感やその場のノリに合わせて、少しぐらいはハメを外してもいいかなという気持ちになりがちです。はじめは「1杯だけ」と思っていても、みんなの手拍子や「コール」と呼ばれる掛け声などに乗せられ、気がつくとコントロールできない状態になってしまうものです。

「たくさん飲めばお酒に強くなれる」と言われるかもしれませんが、それは間違いです。お酒に強いかどうかは、アルコールを分解する生まれつきの体質で決まります。お酒を飲む前にパッチテスト[1]で自分の体質を確認してみましょう。

また、アルコールを分解しやすい体質だからといって、油断は禁物です。たとえば、空腹時や体調が悪いときは、少量の飲酒でも命の危険にさらされる可能性があります。

急性アルコール中毒は命に関わる恐れも

特に怖いのは急性アルコール中毒です。一気飲みなどが原因で急激に血中のアルコール濃度が上昇し、昏《こん》睡《すい》状態になることがあります。ふらついたり、吐き気がしたりすれば飲みすぎたことに気がつけますが、そうした症状はしばらく時間がたってから表れてくるものです。飲み過ぎの自覚がないまま大量のアルコールを摂取してしまうこともあります。

1　エタノールパッチテスト、厚生労働省「e- ヘルスネット」（https://www.e-healthnet.mhlw.go.jp/information/dictionary/alcohol/ya-023.html）などを参照

毎年、急性アルコール中毒で救急搬送される人の多くは10～20代の若者です。最悪の場合、命を失うこともあるため、注意が必要です。

（図表2）友人が急性アルコール中毒になったときの対処法

1. 絶対に1人にしない
2. 衣服をゆるめて楽にする
3. 体温低下を防ぐため、毛布などをかけて温かくする
4. 嘔吐物《おうとぶつ》による窒息を防ぐため、横向きに寝かせる
5. 吐きそうになったら、抱き起こさずに横向きの状態で吐かせる

出典：厚生労働省「e‐ヘルスネット」、急性アルコール中毒

万が一、友人が急性アルコール中毒になった場合は、すぐに救急車を呼びましょう。救急車が到着するまでの間は呼吸を確保し、体温を維持する必要があります。コートや毛布をかけるなどしてください。また、食べ物を吐いて、それがのどに詰まって窒息してしまうことがあるので、仰向けに寝かせないようにするなど注意してください。

自分も相手も傷つけてしまうことがある

アルコールは、節度を持って楽しむことが重要です。罰ゲームなどの心理的な圧力で飲酒を強要すること、本人の意向を無視して飲酒を勧めること、酔って迷惑行為や嫌がらせを行うことはもってのほかです。また、ストレスや不眠の解消をアルコールに頼ったりすると、依存症などの重大な事態に陥る危険性があります。

心や体に深い傷を負ったり、信頼を失ったりするリスクもあることをよく理解し、自分や一緒に飲む相手を傷つけないためにも、配慮を忘れないようにしましょう。

危険を防ぐポイント

1. 20歳未満はお酒を飲まない。周りも勧めてはいけない
2. 無理にお酒を勧められたら「体質に合わない」という理由で断ろう
3. 油断は禁物。節度とルールを守って、お酒と付き合おう

03 SNSと炎上
――仲間内で盛り上がるつもりが思わぬ事態に！

友人だけに公開しても広まる可能性がある

ＳＮＳの普及に伴い、不謹慎な行動を撮影し、ＳＮＳに投稿したり、本来載せてはいけない情報を公開したりして、炎上する例が頻発しています。

特に多いのが大学生によるアルバイト中の投稿です。飲食店の冷蔵庫や洗い場など衛生管理が求められる場所に土足で入る、食材で遊ぶといった行為や有名人が来たことを暴露し、炎上した例がありました。

こうした行為により、店舗が営業停止になった期間の売り上げを損害賠償請求されたこともありました。また、炎上を理由に就職の内定が取り消されたケースもありました。軽い気持ちでやったことが後々まで響くことを肝に銘じておきましょう。

また、大学のゼミの発表で不謹慎な内容を発表し、それをネット上で共有したことで炎上したケースもあります。友人だけに見せるつもりで書いたり、公開設定を友人のみにしたりしても、それを友人が勝手に共有するなどして広まってしまうことがあります。そして、他人のアラ探しをしたり、攻撃するための話題を探したりすることを趣味にしている人がいるということを知っておいてください。

自分の考えを書いたことがきっかけで炎上することもあります。自分の投稿に対する批判には反射的に反論するのではなく、まず自分の書いた内容が社会的に受け入れられる意見かどうか冷静に考えてみることが必要です。相手がどういう意図で批判しているのかについても落ち着いて考えてみましょう。

自分にはささいな話題でも、相手にとっては非常に重要な問題かもしれません。自分に非があるならば謝罪し、そうでなければ反応せずに議論を流せばいいでしょう。

（図表3）SNSでの炎上例

年	発生事例	その後の対応
2013年	ステーキチェーン店の厨房で、冷蔵庫に入っている写真を投稿	店舗を閉店。アルバイトに損害賠償請求
2019年	飲食チェーンの厨房で商品を食べたり、騒いだりする動画を投稿	アルバイトは解雇。備品交換等の実費等の支払をすることで和解。全店舗を休業
2019年	回転寿司チェーンで、ゴミ箱に捨てた切り身をまな板に載せるなどした動画を投稿	アルバイトを退職処分。偽計業務妨害容疑で書類送検

全国大学生活協同組合連合会作成

多様な人がいるコミュニティでは、自分と異なる主義主張や意見も排除せず、尊重する意識を身につける必要があります。自分の情報が間違っているかもしれないと、一度考えてみることも重要です。

SNS上のなりすましからターゲットにされることも

最近ではSNSで友人を作る人も増えています。大学合格後、同じ大学の入学生がいないかをSNSで探す人が増えています。しかし、その中にはなりすましもいることを心に留めておきましょう。もしかしたらあなたは詐欺のターゲットになっているかもしれません（44ページ参照）。

少なくとも一度会うまでは、安易に住所や名前などを教えないようにしましょう。

インターネットとの付き合い方やSNSの使い方について、多くの大学がガイドラインやお知らせなどの形で公開していますので、自分の大学などのホームページを確認してみましょう。

危険を防ぐポイント

1. インターネット上に情報を載せるときは、誰に見られても大丈夫なことを書くようにしよう
2. 炎上時は自分に非があると思ったら素直に謝罪して削除しよう
3. 多様性を重視し、自分と異なる意見も排除せずに尊重しよう
4. SNS上で知り合った人を安易に信用しないようにしよう

04 ブラックバイト
――トラブルを回避するために重要なことは

アルバイトが自分の将来や交友関係にも影響を及ぼす

新型コロナウイルスの感染拡大の影響で、アルバイトをする大学生の割合が一時期減少しましたが、大学生協のアンケート調査『CAMPUS LIFE DATA 2021』によると、その割合が戻りつつあるようです。

大学生活の中でアルバイトが占める時間は意外と長く、自分の夢や将来の姿を思い描くきっかけになることもあります。アルバイト先での出会いが、幅広い人間関係を生み出してくれることもあるでしょう。

ただし、まだ社会経験が未熟な大学生という弱い立場につけ込み、無理を強いるようなアルバイトも少なからずあることに注意が必要です。

金銭や労働環境に関するトラブルが毎年多発

「小売店のアルバイトで残り物を無理やり買わされた」「給料が現物支給になった」「シフトを強引に入れられて大学に行けなくなった」「学習塾のアルバイトで、実際の授業以外の準備に多くの時間がかかるのに、その時間は無給だった」など、さまざまな事例が報告されています。

アルバイトの募集を装って登録料を取り、実際には仕事を紹介せずにお金だけダマし取ったり、個人情報を悪用したりするケースもあります。

前述の『CAMPUS LIFE DATA 2021』において、大学入学後に遭遇したトラブルのランキングでは「バイト先での金銭や労働環境のトラブル」が毎年上位です(17ページ参照)。いわゆる「ブラックバイト」にはまってしまい、抜けられなくなっていると思ったら、一人で悩まずに、友人や両親に相談しましょう。大学にも相談窓口があります。

一人では勇気が出なくても、いろいろな人の力を借りてその場から抜け出すこと、場合によっては受けた不

（図表4）アルバイト先でのトラブルの相談先の一例

労働条件相談「ほっとライン」
https://www.check-roudou.mhlw.go.jp/lp/hotline
フリーダイヤル：**0120-811-610**
開設時間：月～金：17:00 ～ 22:00
土・日・祝日：9:00 ～ 21:00
※12月29日～1月3日を除く

アルバイトも含めた、違法な時間外労働・過重労働による健康障害・賃金不払い、残業などの問題について専門知識を持つ相談員が相談に乗ってくれる。匿名でも可

利益を、訴訟などを通じて適切に賠償させることも必要かもしれません。

雇用契約書で賃金や規則などを確認しよう

アルバイトも仕事で、雇用主との契約関係の上に成り立つものです。雇用契約書にしっかり目を通し、書いてある内容を理解することも大切です。トラブルを避けるため、アルバイトの契約をする際は、雇用主と次の点をしっかり確認しましょう。

●仕事の内容や働く場所、服装など
●始業・終業時刻や休憩時間、休日の取り扱い
●賃金の支払い方法、金額、算定方法

わからないことをあやふやなままで始めてしまうと、後でひどいトラブルに巻き込まれるかもしれません。

大学はアルバイトの紹介窓口やトラブル時の連絡・相談先を設けているものです。事前の確認や相談も含めて積極的に利用してください。

危険を防ぐポイント

1. アルバイトをするときは、仕事内容や条件を契約書でしっかり確認しよう
2. 問題を感じたり、辞められなくなって困ったりしたときは、友人や親、大学などに相談しよう
3. 厚生労働省のホームページでアルバイトの労働条件を確認したり[1]、ハローワークや労働基準監督署に相談したりしよう。夜間・休日も受け付ける労働条件相談ほっとラインも利用してみよう

1　厚生労働省HP「アルバイトの労働条件を確かめよう!」キャンペーンを全国で実施（令和4年）
https://www.mhlw.go.jp/stf/newpage_24965.html

05

多発する自然災害
——リスクの高い日本で暮らすための心得とは

今後30年以内に首都直下地震が起こる確率は70％近い

　日本は自然災害のリスクが高い国だとされています。近年では、２０１１年の東日本大震災、１９９５年の阪神・淡路大震災では特に多くの死者・行方不明者が発生しました。遡《さかのぼ》れば、数千人が亡くなったり、行方不明になった大災害が、数年おきに起きていた時代もあります。

　また、地球温暖化に伴い、一度に大量の雨が降るケースが増加しているともいわれています。雨が同じ場所で長期間降り続いたり[1]、台風が強い勢力のまま日本周辺まで接近する[2]ことで、災害が発生しています。

　西日本を中心に広範囲で大きな地震・津波の被害が起きるとされている「南海トラフ地震」は、今後30年間のうちに起こる確率が70～80％近く、40年以内では90％以上とほぼ確実視されています。また、「首都直下地震」も今後30年以内に70％近く、北海道・東北での津波被害が想定される「日本海溝・千島海溝沿いの地震」も同様に30～40％の確率で発生するといわれています。

　日本の国土面積は全世界の１％に及びませんが、火山の数は１１１あり、これは世界の約７％にも相当します。火山の噴火はひとたび発生すると、周辺地域に火山灰や火砕流《かさいりゅう》などさまざまな被害をもたらします。

　そのほかにも、真夏の気温が異常に高くなることで多くの熱中症患者が発生したり、雪国では短期間に大量の雪が降ることで交通機関や物流がストップしたりします。

普段の生活の延長線上で災害への備えを考える

　いつでも起こり得る災害に対し、積極的に備えておきましょう。地震や津波、水害の恐れがある範囲は「ハザードマップ」で確認できます。天気予報は数十分後の雨予報も可能に

1　「（2015年）関東・東北豪雨」の茨城県常総市、「2017年九州北部豪雨」の福岡県朝倉市、「令和２年７月豪雨」の熊本県球磨村などの洪水は、発達した雨雲が長時間同じ場所に停滞するなどし、顕著な大雨を発生させる線状降水帯が原因といわれています

なり、大雨による災害が起こり得る可能性を事前に知らせてくれるようになりました。災害リスクが高い場所に住まないようにしたり、台風が近づいている場合は予定をずらしたり、猛暑日はこまめに水分補給や日陰で休憩をしたりするなど、適切な判断で危険を回避しましょう。

普段飲んでいるペットボトルの水や食糧などを数日分余分に買っておくと、万一、断水や停電した場合に役に立ちます。余裕があれば、携帯用のトイレも準備しておきましょう。

災害からあなたを守るのは、防災の専門家ではなく、あなた自身の行動にほかなりません。

（図表5）頻発する自然災害

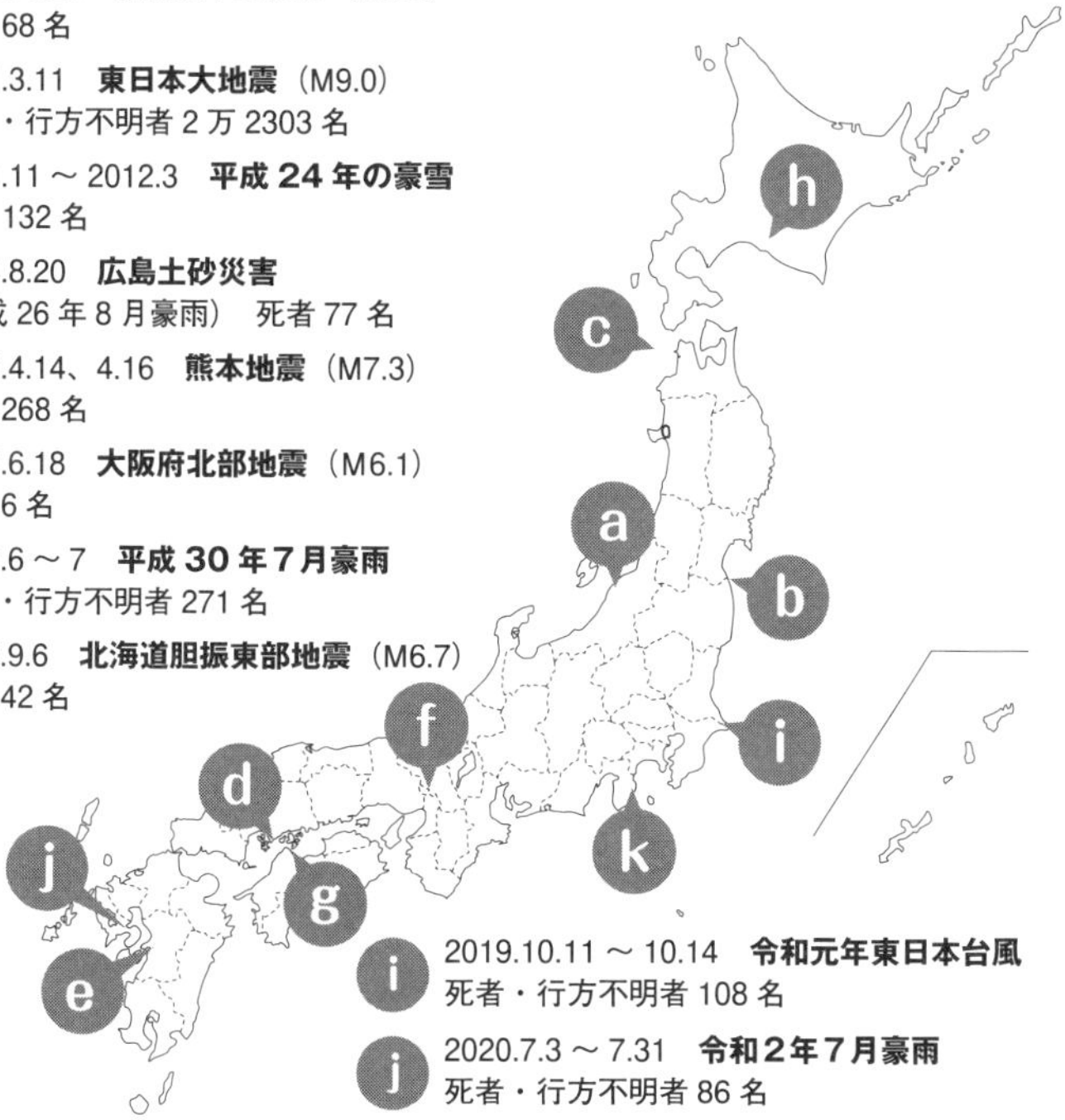

a 2004.10.23 **新潟県中越地震**（M6.8）死者68名

b 2011.3.11 **東日本大地震**（M9.0）死者・行方不明者2万2303名

c 2011.11～2012.3 **平成24年の豪雪** 死者132名

d 2014.8.20 **広島土砂災害**（平成26年8月豪雨） 死者77名

e 2016.4.14、4.16 **熊本地震**（M7.3）死者268名

f 2017.6.18 **大阪府北部地震**（M6.1）死者6名

g 2018.6～7 **平成30年7月豪雨** 死者・行方不明者271名

h 2018.9.6 **北海道胆振東部地震**（M6.7）死者42名

i 2019.10.11～10.14 **令和元年東日本台風** 死者・行方不明者108名

j 2020.7.3～7.31 **令和2年7月豪雨** 死者・行方不明者86名

k 2021.7.3 **熱海市伊豆山土石流災害（令和3年7月豪雨）** 死者・行方不明者28名

＊死者には災害関連死を含む
＊2022年11月末現在の数字

危険を防ぐポイント

1. 日本は自然災害のリスクが高いことを認識しておく
2. 日ごろから天気予報や大雨予測を見るようにし、万一に備えた備蓄の用意もしておこう

2 令和元年に千葉県房総半島周辺で強風による大きな被害をもたらした台風15号は、関東地方に上陸した台風としては「過去最強クラス」といわれています

06 自転車事故
——加害者にも被害者にもならない「運転」の心がまえ

自転車は車道を走るのが原則 歩道では歩行者優先

「自転車で歩道を走るのは、交通違反です。後日、罰金を支払ってください」。警察官にこう言われ、「交通切符」という書類を渡されたら……。いくらなんでも、こんなことは起こらないと思っていませんか？

２０２２年10月末から警視庁（東京都）では自転車の「信号無視」「一時不停止」「右側通行」「徐行せず歩道を通行」の４つの違反で、悪質な場合に刑事罰の対象となる通称「赤切符[1]」を交付しています。

道路交通法上、自転車は軽車両であり、「歩道と車道の区別のあるところは車道通行が原則」になります。もちろん「自転車走行『可』」という標識が出ている歩道もあります。わざわざこのように明示するということは、本来は禁止されているということです。歩道は歩行者優先であり、車道寄りの部分を徐行しなければならず、歩行者の通行を妨げるような場合は一時停止しなければなりません。[2]また、道路交通法が改正されて２０２３年４月１日から、自転車に乗車する際には年齢に関係なくヘルメットを着用すること、ほかの人を自転車に乗せる際にもヘルメットを着用させることが努力義務となります。

個人賠償責任保険への加入を義務付ける地域も

もし、歩行者やほかの自転車にぶつかって相手をケガさせれば、多額の損害賠償を請求されることにもなるでしょう。「自転車に乗る」リスクをしっかりと想像し、十分に注意して走行してください。

警視庁が公表している「自転車安全利用五則」は、歩道の通行ルールのほかに「交差点の信号と一時停止を守る」「夜間のライト点灯」「飲酒運転の禁止」「ヘルメット着用」と

1　「赤切符」は、罰金を払うだけでなく、刑事罰の対象となる＝一生消えない「前科」がつくことになります
2　警察庁「自転車安全利用五則（令和４年11月１日交通対策本部決定より）」

（図表6）自転車が歩道を通行する際の注意点

車道
通行可の歩道でも、
歩行者の通行を妨げる
ような場合は一時停止
普通自転車歩道
通行可の標識
歩道

出典：警視庁 HP「自転車安全利用五則 1　車道が原則、左側を通行　歩道は例外、歩行者を優先」

なっています。過去に自転車で歩行者にぶつかり、命を奪ってしまった事故は、一時停止違反やライトの無灯火などが原因でした。[3] 一方、自転車の事故によりあなたがケガをすることもあります。[4]

近年の損害賠償額を考えると、自転車に乗る際には個人賠償責任保険に入ることが重要です。今では多くの都府県が被害者への救済、加害者になった場合の経済的負担を軽減するため、各都府県内で自転車を利用する全ての人に、自転車損害賠償責任保険などへの加入を義務化しています。ご家族の火災保険に特約としてつけることが可能な場合もありますので、一度確認してみるとよいでしょう。

罰則は
2万円以下の罰金
または科料!

危険を防ぐポイント

1. 自転車は車道を走るのが原則。東京都では赤切符の交付も開始
2. 交差点の信号と一時停止を守り、夜間にはライトを点灯しよう
3. 自転車損害賠償責任保険などに加入して、万が一のときにも備える

3　① 2021年4月、配達業の自転車が車道を走行していたが、夜間で雨の中、ライトをつけず、減速しないまま横断歩道に進入し、渡っていた人をはねて死亡させた　② 2021年12月、自転車で通学途中の男子高校生が、耳にイヤホンを着け、ライトをつけず歩道を走行中に、歩いていた人にぶつかり、その人が車道に倒れてトラックにはねられ、死亡した

4　子どもは自転車用ヘルメットの着用が義務付けられています

07

18歳になったらもう大人
——できることが増えれば、リスクも増える

親の同意なしにできることが増える

2022年4月1日に、20歳から18歳への成年年齢の引き下げが施行されました。大学生になるみなさんのほとんどは成年です。一人前の大人として行動し、社会に対して積極的な役割を果たすことが期待される立場になります。

18歳になったら、一人で責任を持って契約行為ができるようになります。これまでは親の同意が必要だったり、親の同意なしの契約は未成年であれば原則的に解除したりできました。でも、これからは違います。

自分の責任でスマホを買ったり、ネット回線の契約をしたり、クレジットカードを作ったり、ローンを組んで高額商品を購入したりすることができるようになります（支払能力や返済能力の審査を受け、できない場合もあります）。

できることが増える一方リスクに遭遇する可能性も

自分の判断でできることが増える分、そこにつけ込んでくる悪質な業者が出てくることも事実です。そのリスクに遭遇する可能性も高くなることに十分注意しましょう。

クレジットカードを使いすぎたり、不正に利用されたりすることもあるかもしれません。

つい業者の甘い言葉に誘われて、ローンを組んで高額商品を購入したり、ネット通販で初回限定の割引商品を購入したりしたつもりが、定期購入が条件になっていることを見落としてしまうこともあるかもしれません。

お金の使い方は計画的に考え、いろいろな契約をするときには契約書に書いてある内容をきちんと確認するようにして、後でひどい目に遭わないように十分に気をつけることが大切です。

（図表7）18歳になったらできること、20歳にならないとできないこと

18歳（成年）になったらできること	20歳にならないとできないこと（これまでと変わらないこと）
●親の同意がなくても契約ができる ● 10年有効のパスポートを取得する ●公認会計士や司法書士、医師免許、薬剤師免許などの国家資格を取る ●結婚（女性の結婚可能年齢が16歳から18歳に引き上げられた） ●性同一性障害の人が性別の取り扱いの変更審判を受けられる	●お酒を飲む ●たばこを吸う ●競馬、競輪、オートレース、競艇の投票券（馬券など）を買う ●養子を迎える ●大型・中型自動車運転免許の取得（大型自動車運転免許の取得は21歳以上）

出典：「成年年齢引下げって?」政府広報オンライン

18歳になったらできること 20歳にならないとできないこと

できることが拡大されることに伴い、大人としての責任も問われることになります。とはいえ、これまで20歳以上だったらできたこと全てが、18歳になったらできるようになるわけではありません。お酒、たばこ、ギャンブルなどは禁止されています。

多くのみなさんは、高校時代にいろいろと学んだり、教えられたりしていることでしょう。入学した大学のホームページなどにも、在校生への注意事項が掲載されているはずです。あらためて18歳になったらできること、20歳にならないとできないことを確認しましょう。これからがその実践です。

危険を防ぐポイント

1. 自分の責任でできることが増える分、その裏にひそむリスクについてもしっかり考え、確認しよう
2. おいしい話は世の中にはないと考え、業者の甘い言葉に踊らされないようにしよう

●大学入学後に遭遇したトラブル・ランキング

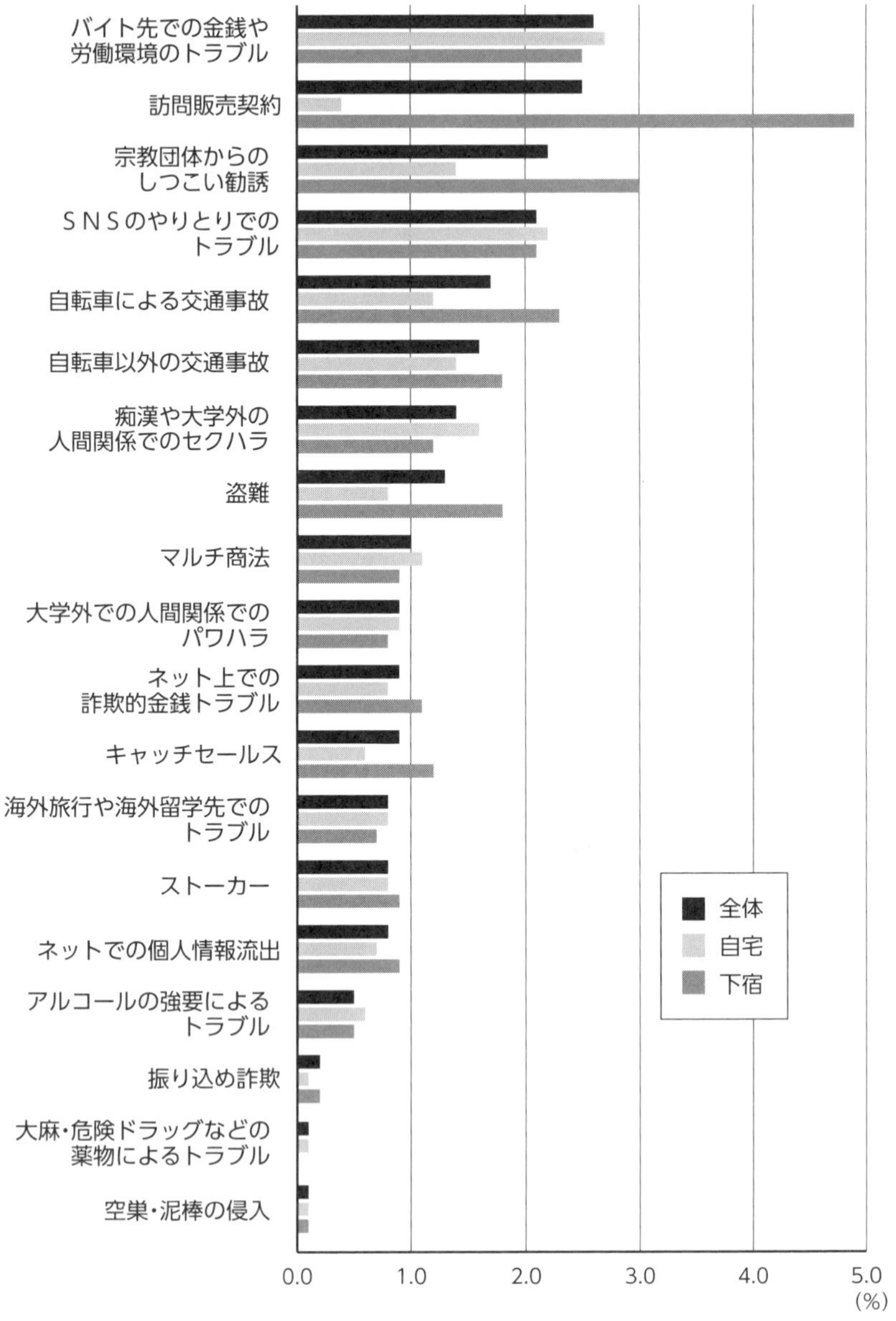

出典：全国大学生活協同組合連合会『CAMPUS LIFE DATA 2021』

合格通知書
氏名　鈴木　春人
令和○年○月○日
青春大学学長
元村　直子
やった、合格だ！
これで受験生も終わりだ！
ただ、同じ大学に入る友だち、いないんだよなぁ
鈴木春人
高校３年時

そのワンクリックで被害続出！

スマホ・ネットにひそむ落とし穴

第2章

おー、合格おめでとう！
一緒に東京だな、大学は違うけど
おお
泰地
高校３年時
そうなんだよな
同じ大学に行く友だちがいないんだよ
どうやって友だちとか作ったものかと
オンライン授業とかだとなかなか友だち作りにくいらしいしな
最近はＳＮＳで友だち募集とか流行ってるらしいぞ？
#青春大学
#春から青春大学
ほら
こんな感じでハッシュタグつけて検索してみると結構いるだろ？
おー、なるほど
これなら見つかりそうだな

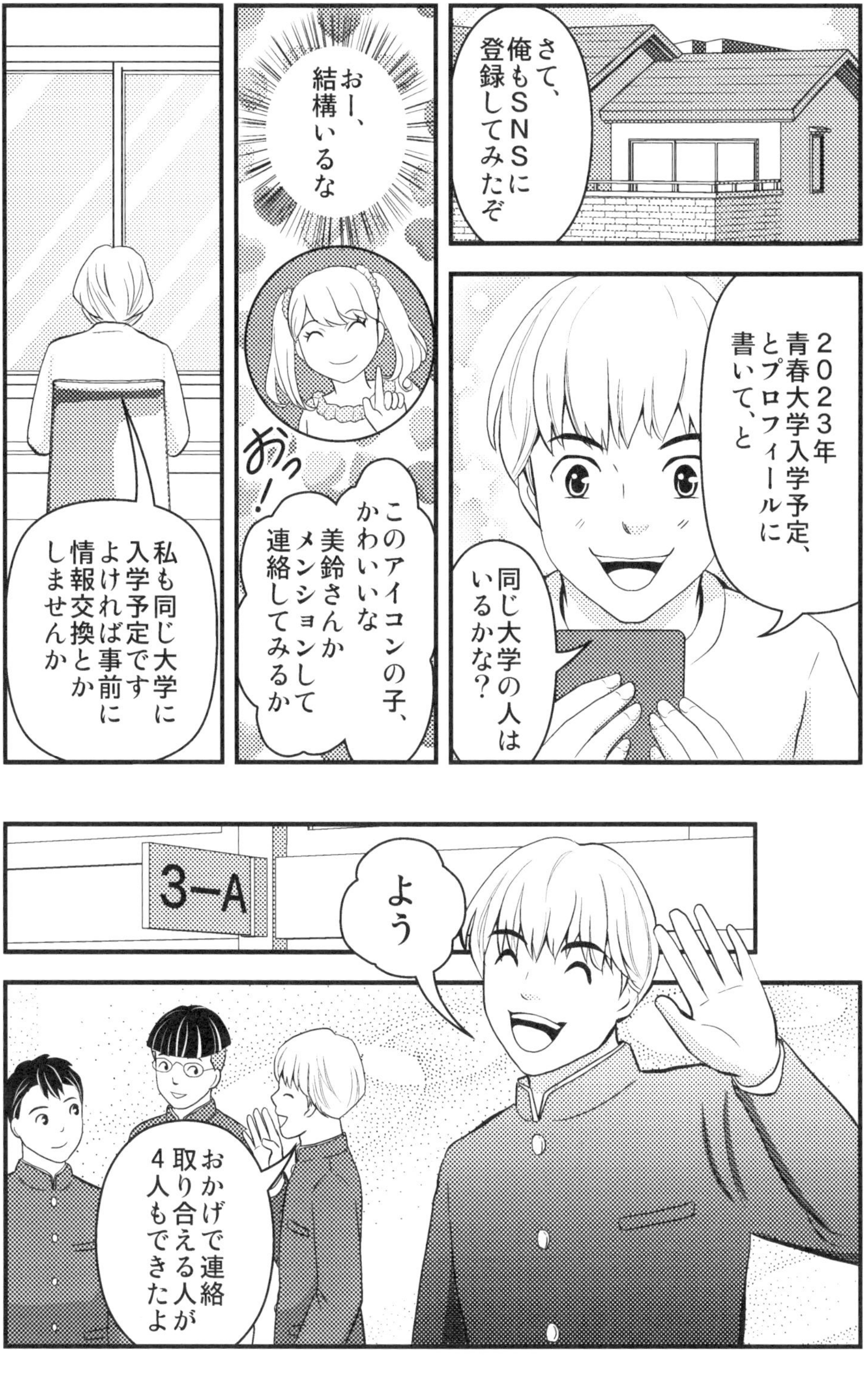
さて、俺もＳＮＳに登録してみたぞ
２０２３年青春大学入学予定、とプロフィールに書いて、と
同じ大学の人はいるかな？
おー、結構いるな
おっ！
このアイコンの子、かわいいな美鈴さんかメンションして連絡してみるか
私も同じ大学に入学予定ですよければ事前に情報交換とかしませんか
3-A
よう
おかげで連絡取り合える人が４人もできたよ

これで東京行っても大丈夫そうだ
それはよかったな ちなみにどんな人がいた？
佐藤瑛太っていう結構頭良さそうな人とか、美鈴さんっていうかわいい子とかいてね
グループ作って一人暮らしの準備についてとか、やりとりしてるんだよね
おお いいじゃん いいじゃん
どんなやりとりしてるのか見せてよ
春人くんの最寄り駅は？
住所でいうと？
こんなことまで教えて大丈夫か？
まだ会ったこともないんだろ？
このくらい大丈夫だよ

どこに住んでるか分からないと、話も広がらないし
アハハハ…
こいつはどこに住んでいるんだ?
一人暮らしが初めてのようだな
個別のやりとりにして、うちの教団に勧誘してみるか
ククク
ククク
ククク…

ピコン…
あれ なんで個人的に連絡来たんだろう
ピコン…
おっ！
瑛太
美鈴さんからなんか怪しいメッセージ来たんだけど…
1人暮らしで困ったときとかに手助けしてくれる××ってサークルがあるらしくて。一緒に入らない？
え、何か問題があるの？親切だなと思っていたんだけど
兄貴に聞いたんだけどさ、××ってサークル、カルトの隠れみのらしいんだよ。気をつけた方がよさそう
これのことか…
え…!?

っていうことがあってさ
どうも4人のうちの1人、美鈴さんっていうのは学生じゃなかったっぽいんだよね
ビデオ通話には絶対に出てこないし、あれはなりすましっぽかったよ
それは危なかったな…
そういや、住所とか伝えてたんじゃないの?
運良く、まだ返信してなかったんだよね
結果的に住所バレなくて助かった…
ギュッ…
そんなことがあったのか…
俺も知り合ったやつが本当に学生か、ちゃんと確認してから会うようにしないとなぁ
チッ…

08

ネット上のプライバシー
——個人の特定は現実《リアル》よりも簡単

情報開示請求がしやすくなった

あなたはインターネット上でなら身元を明かさずに行動できると思っていませんか？　実は、インターネット上での行為は現実（リアル）社会よりも特定が簡単なのです。

なぜなら、情報を掲載する際には必ずインターネット接続会社や携帯電話会社のネットワークを通じて情報が送られますし、ＳＮＳや掲示板などではログ（過去のやりとりの記録）が保管されています。

そのため、ＳＮＳなどで誹謗中《ひぼうちゅう》傷《しょう》がされている場合、被害者はインターネット接続会社などが保有している情報の開示を求めることができます。従来から情報開示請求は可能でしたが、２０２１年にプロバイダ責任制限法が改正され、22年から施行されたことにより、誹謗中傷などの被害者は今までよりも事業者から情報を開示してもらいやすくなっています。開示された情報をもとに訴訟が複数提起されているのは報道されている通りです。

ネット上の行動から身元は特定される

また、誹謗中傷のような行為をしていない場合でも特定する方法は複数あります。

たとえばＳＮＳのアカウントに名前を登録していなかったとしても、スマートフォンで撮った写真にはＧＰＳ情報（位置情報）が埋め込まれていることがあるので、そこから場所を特定することができます。天気などの話題から地域を特定することも可能です。

よくやりとりをしている友人のアカウントに本名や学校名などが登録されていて、そこから通学する学校などを特定されることもあります。投稿した自動車の写真でバックミラーに所在地の情報が映っていた

(図表8) SNSに投稿した写真などから自宅の住所が特定されることも

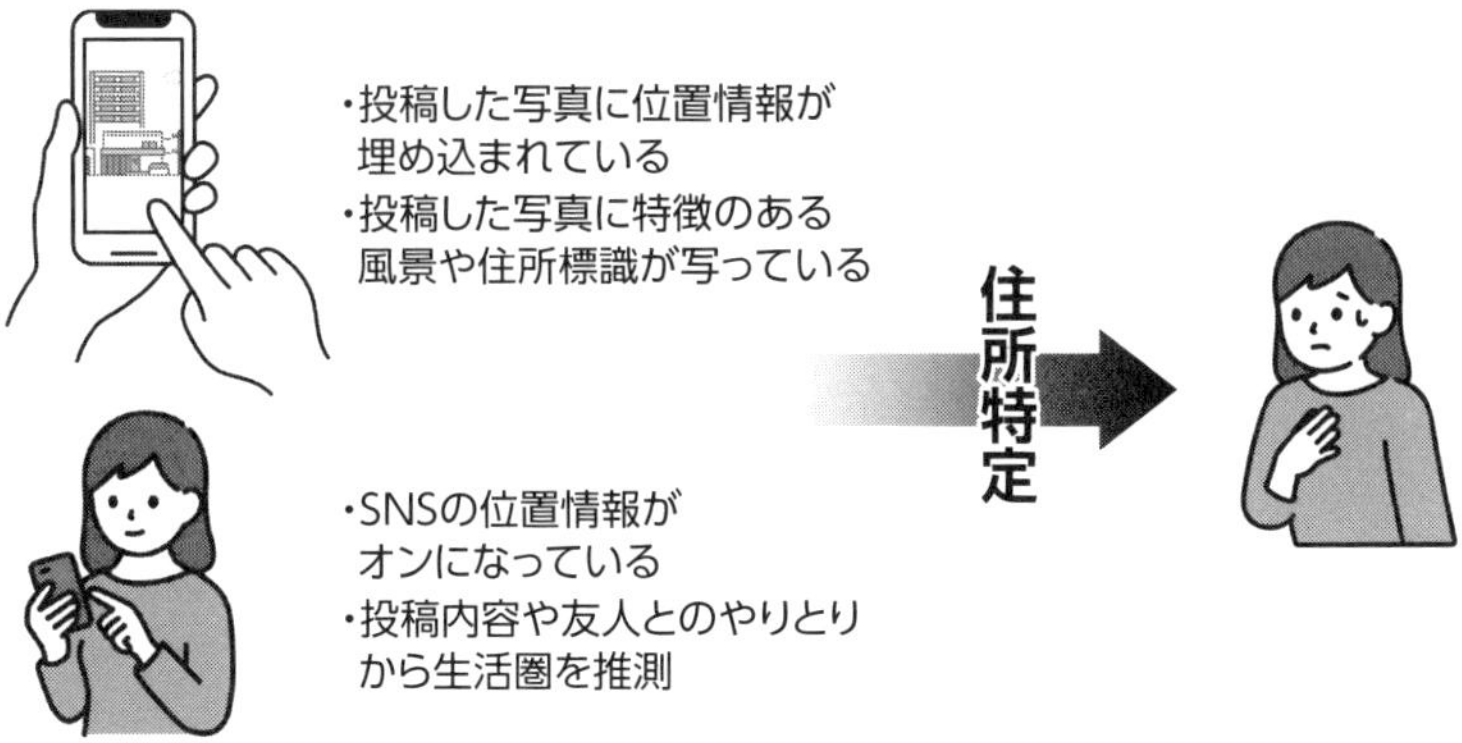
・投稿した写真に位置情報が埋め込まれている
・投稿した写真に特徴のある風景や住所標識が写っている
住所特定
・SNSの位置情報がオンになっている
・投稿内容や友人とのやりとりから生活圏を推測

り、写真に写っている人の瞳に撮影者が写り込んでいたりしたというケースもあります。

このようなやり方を組み合わせることで、かなりの確率で個人が特定できます。

ネット上に匿名は存在しない

社会人になると、あなたがネット上に匿名で行った発言や行動から所属する会社が判明し、会社の評判などが毀損《きそん》されるという事態も起こり得ます。

私たちは、たとえ名前を隠したとしても、ネット上では匿名ではいられないものだと心得ることが重要です。そして、あなたが人前で自分の名前を明らかにして実行できないこと、あるいは発言できないことは、ネット上でもやらないようにすることが大切です。

匿名だから何をしても問題にならない、という甘い考えが大きな問題を引き起こしてしまうことを十分に理解しておきましょう。

危険を防ぐポイント

1. インターネット上では、誰もが匿名ではないことを理解した上で利用する
2. 誹謗中傷や人格の攻撃といった人権侵害に当たる行為や、自分の名前を公表できないような発言はしない

09 データの盗用、ねつ造

――〝できごころ〟が引き起こす高い代償

ウィキペディアを丸ごとコピペした論文やレポートはNG

データの盗用・ねつ造は産業界・大学を問わず、さまざまな分野で問題になっています。過去には、自分が導きたい結論に都合のいいようにデータをねつ造して解雇や学位の取り消しを受けた例や、デマ画像を作成してSNSに投稿して逮捕された例もあります。

大学ではレポートを書いたり、資料を作成したりする機会が多くあります。インターネットを使えば、あらゆる情報に手軽にアクセスでき、コピー&ペーストも簡単です。そのため、ネット上にある文章を論文やレポートにそのまま用いたり、引用元を記載しないで画像やデータを使用する学生が後を絶ちません。

著作権の侵害は違法行為将来に傷がつくことも

データの盗用はルール違反というだけでなく、著作権の侵害に当たることを認識しなければなりません。他人の作成した文章やデータをコピーし、自分のものであるかのように使用することは、剽窃《ひょうせつ》と呼ばれ、違法行為です。大学では対策として、類似レポートやインターネットの情報をそのまま利用しているものを抽出するプログラムもありますので、このような行為が発覚した場合には単位の取り消しや停学処分となる可能性もあります。

また、一度でもデータのねつ造をすると、そのことを知った周囲の人々、特に教員からの評価は著しく低下します。データのねつ造を行った論文などが外部に向けて公表された場合には、研究室や大学全体の社会的な信用を失うばかりでなく、あなた自身の就職活動や今後の進路にも影響を与えます。

デマ画像のような偽のデータを作成するだけでなく、特定の個人や企

（図表9）著作物を引用する際の基本ルール

(1) 他人の著作物を引用する必然性があること
(2) カギカッコをつけるなど、自分の著作物と引用部分とが区別されていること
(3) 自分の著作物と引用する著作物との主従関係が明確であること（自分の著作物が主体）
(4) 出所の明示がなされていること（著作者名、タイトル・刊行日・出版社名、サイト名・URL・閲覧日など）
(5) 著作物に、転載禁止などの利用規約が定められていないことを確認する

出典：文化庁 HP などを元に作成

業を貶《おとし》める誹謗中傷や真偽不明の情報をツイッターのリツイートなどで安易に拡散することでも、名誉棄損などの社会的責任を問われる恐れがあります。

著作物に関するルールを確認 自由に使える著作物もある

なお、著作権法で定められた引用のルールに従えば、他人が作成した文章などを取り入れても問題ありません。論文やデータ、画像を引用して正確な事実を記載したり、わかりやすくしたりすることは重要なことです。比較的自由に使えるデータとしては、パブリックドメイン[1]やクリエイティブ・コモンズ・ライセンス[2]の付された著作物があります。不安がある場合には、大学の著作物の取り扱い規則や文献引用の方法について調べたり、大学に相談したりしてみましょう。

危険を防ぐポイント

1. ウィキペディアなどのコピーでレポートを作ってはいけない
2. データの盗用やねつ造は、あなたの社会的信用、将来をも傷つける
3. 他人が作成した文章や画像を使う際は正しく引用する

1　著作者の死後70年が経過、著作権の放棄など、著作権が存在せず誰でも利用可能な著作物（青空文庫や Public Domain Pictures など）
2　著作者が設定した利用条件の範囲内であれば自由に利用してよいと意思表示するためのルール。これにより、著作権を侵害せずに作品を利用可能になる。クリエイティブ・コモンズ・ジャパン（https://creativecommons.jp/）

10 ストーカー

——被害に遭わないために、あなたができること

全国の大学生3万人がストーカーの被害に

ストーカー行為とは、別れ話のもつれや一方的な思いを拒否されたことなどから、相手の異性につきまとい、待ち伏せをしたり無言電話を何回もかけたりする行為です。悪質な場合は脅迫や殺人事件にまで進展するようなケースもあります。

2000年に施行（21年に一部改正）された「ストーカー行為等の規制等に関する法律」では、ストーカー行為として具体的に図表10のような行動を対象としています。このような行為は法律で罰せられます。

大学生協のアンケート調査（CAMPUS LIFE DATA 2021）では、入学後に遭遇したトラブルのうちストーカー被害は全体の0・8%（男子0・2%、女子1・5%）でした。これは全国の大学生の約2万人が被害に遭ったことになります。大学生がストーカー行為を行い、相手女性を殺害しようとした事件もあります。

予防対策としては、カーテンや表札など外から見えるもので女性の一人暮らしだと思われないようにしましょう。夜に一人でコンビニへ行くことは控え、お弁当を買うときにもおはしを複数もらうなど一人だと思われないような工夫をしましょう。名前や電話番号などの個人情報が含まれる郵便物は、細かく切ってゴミに出すことも大切です。

防犯ブザーを携帯し緊急時は助けを求める

インターネット上の行動を通じて特定されることもよくあります。アップロードした自宅近くの写真にGPS情報がついていたり、SNSで自宅付近のお店やレストランなどによくチェックインしていたら、あなた自身が個人情報を発信しているのと同じです。SNS上のデータを

（図表10）ストーカーに該当する行為

- ●つきまとい、待ち伏せし、進路に立ちふさがり、住居、勤務先、学校など通常いる場所に加え、あなたが実際にいる場所の付近において見張る、押し掛ける、みだりにうろつく行為
- ●行動を監視する、あるいはそのように思わせる
- ●面会、交際その他の義務のない行為を要求する
- ●著しく粗野または乱暴な言動をする
- ●無言電話やファクス、電子メール、ＳＮＳ、文書の送信を、拒まれても何度も連続して行う
- ●汚物や動物の死体など、著しく不快または嫌悪の情を感じさせる物を送りつける
- ●被害者の名誉を傷つける事項を告げ、またはその知り得る状態に置く
- ●性的羞恥心を感じさせる文書、図画などを送りつける
- ●GPS機器などを用いた位置情報の無承諾取得など

集めればあなたの行動パターンを把握できてしまうかもしれません。

最近ではＧＰＳが仕込まれたプレゼントを渡されて自宅を特定されたり、自動車などにＧＰＳがつけられて行動が把握されたりしたこともあります。自分の使っているスマートフォンや、ＳＮＳの設定だけでなく、見知らぬ機器がバッグに入っていないかも確認しましょう。

ストーカーをされていると感じたら、警察に相談するなど早めに対応してください。相手に対して中途半端な拒否や態度は禁物です。変な期待を抱かせないよう明確に断るようにしてください。

相手がストーカーを継続する場合はその記録を残しましょう。中傷ビラやネットへの書き込みは保存し、電話やメールの内容は日時とともに記録し、最寄りの警察に相談してください。

外出時には防犯ブザーを携帯しましょう。そして緊急時には、ためらわずに交番やコンビニに駆け込んで助けを求めることが重要です。

危険を防ぐポイント

1. 他人から女性の一人暮らしだと思われないようにしよう
2. ＳＮＳなどにアップされた情報から自宅が特定されることがあるので注意しよう
3. ＧＰＳ機器などが仕込まれていないかどうか確認しておこう
4. 警察に早めに相談し、万が一の際は、すぐに周りに助けを求めよう

11 ネット詐欺
――巧妙な誘い文句にダマされてはいけない

就活生の不安や悩みにつけ込む詐欺に要注意

インターネット上には数多くの重要な情報や有益な情報が存在します。しかし情報を掲載するだけであれば誰でもできるため、間違った情報やあなたをダマそうとしている情報も少なくありません。

大学生が引っかかりやすいものとして就活詐欺があります。

たとえば、就活を有利にするために、SNSに掲載されている情報から無料のセミナーに参加してみると、そこで有料のセミナーに誘われることがあります。

就活詐欺のバリエーションはさまざまあり、就活では見た目が重要だからとエステの勧誘につなげたり、企業の面接対策、筆記試験対策の講座や、自己啓発セミナーにつなげたり、もしくは有名企業の社員とのネットワークを作る場に案内したりというものがあります。

これらは実際に就活に役に立つケースもないわけではないようですが、たいていの場合、そんなにお金をかけなくても手に入る情報や、会社の説明会に行けば手に入るような情報でしかないものも少なくないようです。

大企業ほど個人の裁量で就活を有利にはできない

また、有名企業の社員とのネットワークを作るというものの中には、就職に有利になるからと性的な関係を社員が求めてきたというケースもあり、逮捕者が出た事例もあります。有名企業や大企業であればあるほど、個人の裁量で就職を有利にするようなことはできないようになっているので気をつけてください。

ほかにも投資詐欺、起業詐欺が多く見受けられます。近年だとNFT、Web3、暗号資産なども詐欺の人気商品です。投資をしてお金を

（図表 11-1）18・19 歳で多い消費者トラブルの内容（上位 20 位）

2022年度（5,108 件）		
順位	商品・役務等	件数
1	脱毛エステ	716
2	出会い系サイト・アプリ	249
3	商品一般	241
4	他の内職・副業	181
5	賃貸アパート	149
6	アダルト情報	138
7	医療サービス	116
8	他の健康食品	113
9	役務その他サービス	103
10	脱毛剤	101
11	他の娯楽等情報配信サービス	96
12	コンサート	94
13	普通・小型自動車	74
14	電気	73
15	修理サービス	69
16	携帯電話サービス	69
17	紳士・婦人洋服	53
18	自動車運転教習所	52
19	教養・娯楽サービスその他	52
20	インターネットゲーム	50

参考：2021年度同期（4,849 件）		
順位	商品・役務等	件数
1	商品一般	305
2	出会い系サイト・アプリ	290
3	脱毛剤	289
4	他の娯楽等情報配信サービス	244
5	他の健康食品	189
6	電気	185
7	アダルト情報	182
8	他の内職・副業	158
9	賃貸アパート	137
10	脱毛エステ	99
11	役務その他サービス	94
12	インターネットゲーム	77
13	テレビ放映サービス	73
14	修理サービス	69
15	教養・娯楽サービスその他	68
16	紳士・婦人洋服	60
17	自動車運転教習所	56
18	携帯電話サービス	51
19	普通・小型自動車	47
20	医療サービス	44

出典：国民生活センター「成年年齢引下げ後の 18 歳・19 歳の消費者トラブルの状況」

稼いで自立してはどうかと勧めてきたり、起業の仕方を教えますと高額な商品を紹介してきたりするのですが、実際にうまくいったケースはあまり聞きません。もちろん詐欺ではないものもあるのですが、慎重に見極める必要はあるでしょう。

好きなタレントを名乗る人からメールが来たら

また、「サクラサイト」「サクラメール」と呼ばれる詐欺もあります。これは、突然あなたのメールアドレスにタレントやタレントのマネージャーを名乗る人から、秘密で相談に乗ってもらえませんか、というメールが届くものです。そして、タレントの情報漏れを防ぐため、特別なサイトで情報交換をしませんかと巧みに誘ってきます。

ＳＮＳなどであなたがファンだと公言しているタレントの関係者から連絡が来る上、ネットで公開されているタレントのスケジュールに合わせて連絡が来るので、これは本物かもしれない、と思わせるのです。

　相手がタレント本人であるということはないのですが、ついダマされてしまい、この特別なサイトでメールを交換してしまう人が続出しています。このようなサイトは、登録は無料ですがメッセージ交換は有料という場合が多く、そのため登録だけはしてしまう人が多いようです。

詐欺の片棒を担ぎ逮捕される学生も

　インターネット上には現実にはないうまい話がある、裏技があると思ってしまう人がなぜか多いのですが、基本的にそのような都合のいい話はあり得ない、ということを覚えておいてください。

　口コミで信頼できると書いてあったとしても、それすら悪質サイトがばらまいている情報かもしれないというのがインターネットの世界です。

　さらには、みなさん自身が、これらのサクラをやるというアルバイト募集を見かけることがあるかもしれません。しかし、高額なアルバイト代につられて手を染めるようなことは決してしないでください。アルバイトであっても大学生が詐欺容疑、組織犯罪処罰法容疑（組織的詐欺）で逮捕された事例があります。

知らないうちに資金洗浄に協力してしまったケースも

最近では手口がさらに巧妙になっていて、実際にお金が振り込まれるという詐欺もあります。

　ＳＮＳなどで○万円、△人限定で配っていますという書き込みを見かけることもありますが、これに実際に申し込むと当選連絡が来て、口座番号などの登録を求められます。

　当初は、この情報を転売されるという詐欺が横行していましたが、最近ではその口座に本当にお金が振り込まれます。

　ただ、当初約束された金額よりも多めに振り込まれていて、お金を振り込んだという人から「振り込みすぎたので◇◇万円をＡＴＭで引き出して、□□という公園に持ってきてくれませんか」などという連絡が来ます。これに対応すると、実はこのお金は犯罪収益で、知らないうちにオレオレ詐欺の出し子になっている

（図表11-2）知らないうちにオレオレ詐欺の出し子にされていたケース

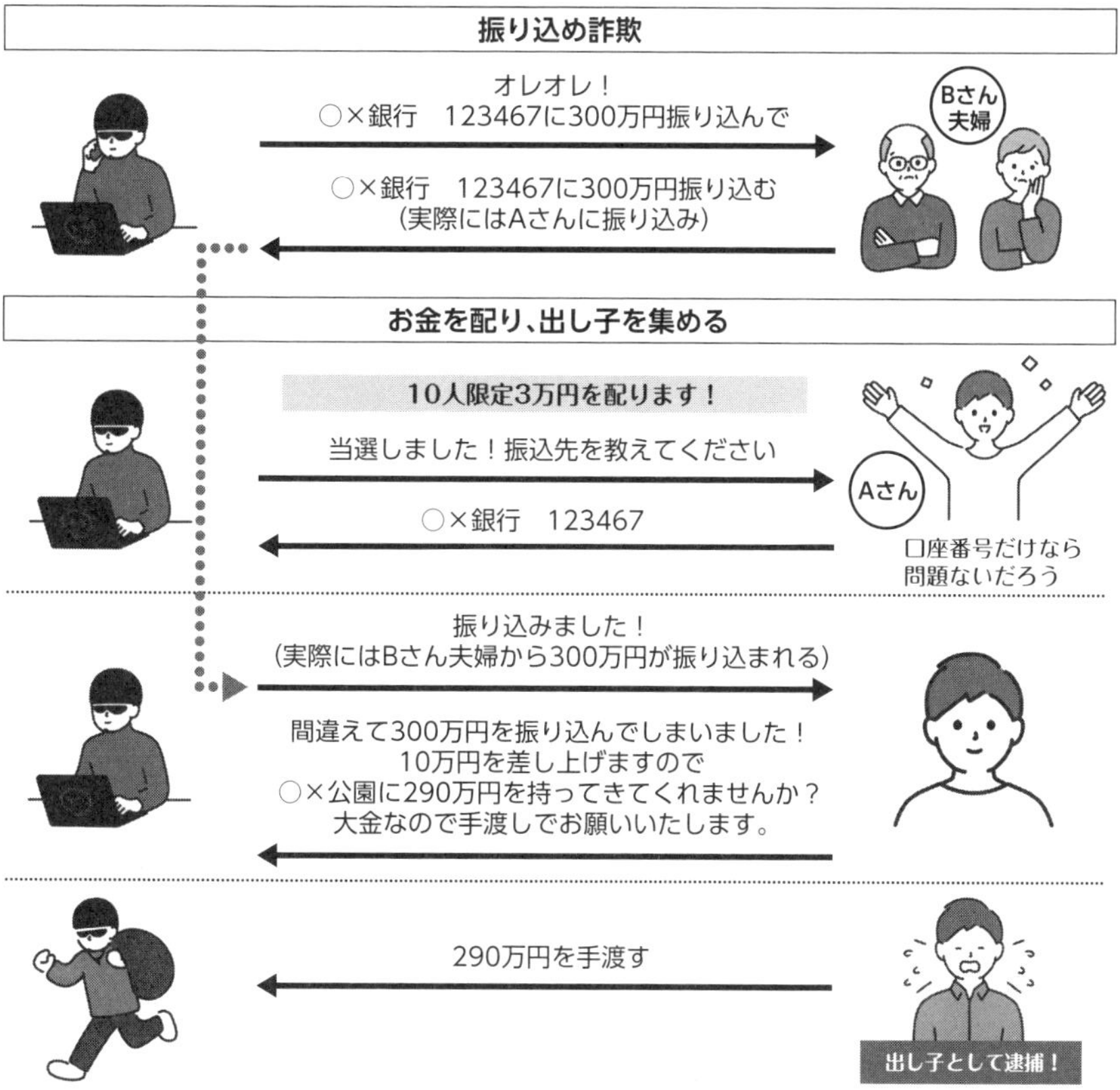

というものです（図表11－2参照）。そもそも振り込まれた時点で資金洗浄に協力していることになるのです。

お金のやりとりが発生する場合は特に気をつけなくてはなりません。

危険を防ぐポイント

1. インターネット上には、ウソや詐欺の情報が数多く存在するので、甘い話を決して信じてはいけない
2. 身に覚えのないメールは無視する
3. 高額なアルバイト代につられて、自らネット詐欺を手助けするような行動を取らない
4. 口座情報などを知らない人に教えない

12 フィッシング／マルウェア
——銀行や有名企業をかたる悪質メールに注意！

本物そっくりのサイトで個人情報が盗まれる

ある日、普段利用しているネットショップなどの会社や在籍している大学から「お客様の会員番号の有効期限が近づいています」「単位履修のためのお知らせ」といったメールが届いたら、あなたはどうしますか？

メールの案内に従ってネット上のページを開き、本物の会社や大学と同じホームページがあったとしたら、いつもと同じように会員番号やパスワードを入力してしまうのではないでしょうか。もしくは、このアプリを登録することで履修登録ができますという連絡が来たらダウンロードしてしまうかもしれません。

実はこれらは、銀行のカードやクレジットカード、その他あらゆるサービスの会員番号やパスワードをダマし取る「偽サイト」の可能性があります。あるいは、送られてきたアプリがあなたの端末から情報を抜き取ったり、あなたの端末を使えなくしたりする場合もあります。このような手法を「フィッシング詐欺」「マルウェアを利用した攻撃」といいます。

銀行口座やクレジットカードの暗証番号などが流出すると現金を不正に引き出されますし、会員情報を盗まれるとあなたになりすまして迷惑行為をされる危険性があります。

IDやパスワードを聞くメールには用心すべし

最近ではSNSのメッセージやアプリを利用するなど多くの手法が開発されています。ネットで検索した旅行会社の旅行商品を購入したら、そのサイト自体が個人情報やクレジットカード情報などを抜き取るためのものだったケースもあります。

こうした詐欺の検挙件数は増加傾向にあり、決して他人事ではありま

（図表12）マルウェアを利用した攻撃の一例

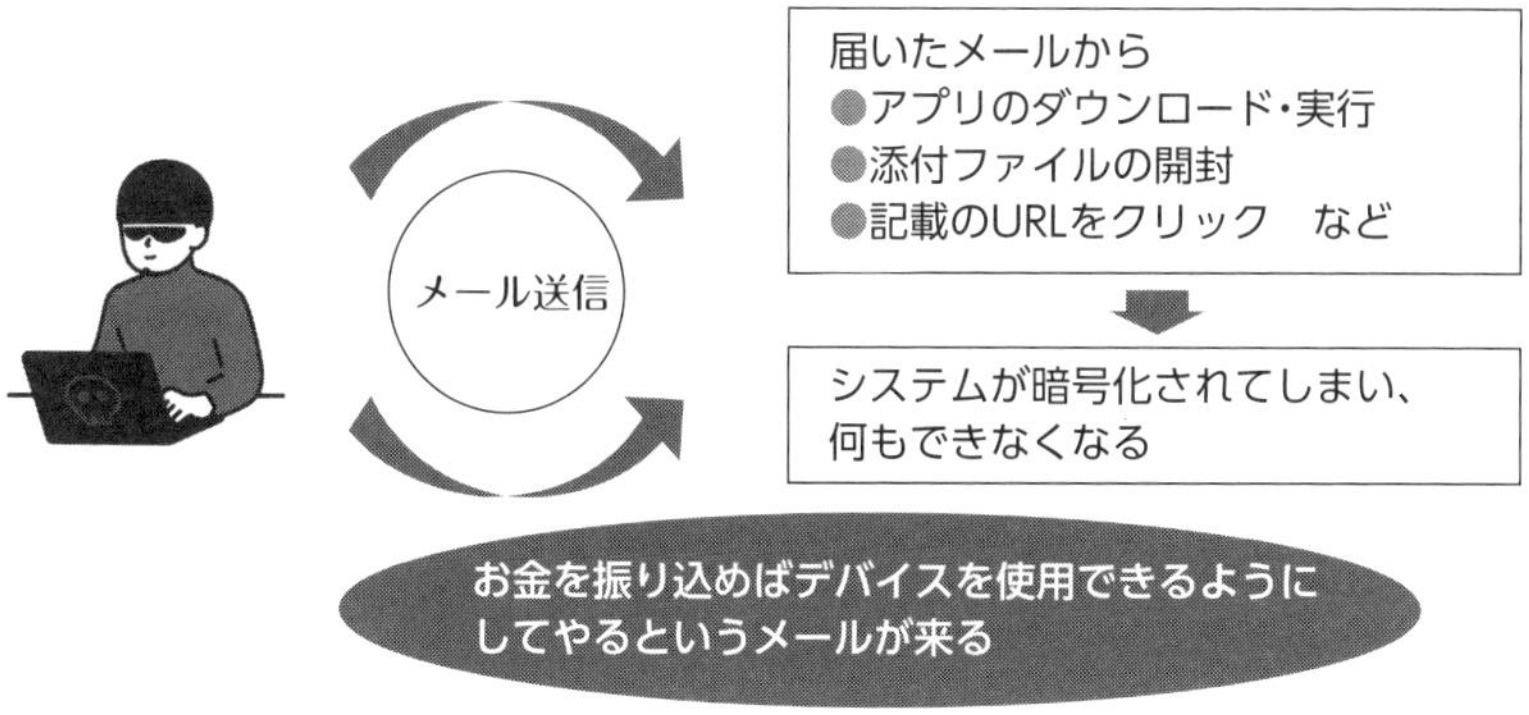
メール送信
届いたメールから
●アプリのダウンロード・実行
●添付ファイルの開封
●記載のURLをクリック　など
システムが暗号化されてしまい、
何もできなくなる
お金を振り込めばデバイスを使用できるように
してやるというメールが来る

せん。発信元に心当たりがないメールやＳＮＳのメッセージは削除する方が安全です。また、心当たりがあるメールであっても、ＩＤやパスワードを聞いてくるものは用心すべきです。原則として各企業はメールやＳＮＳのメッセージで口座番号（会員番号）や暗証番号を聞いてくることはありません。銀行やクレジットカード会社からの本物のメールに見えても、注意深く見ると発信者のアドレスが違うこともよくあります。アプリのダウンロードを求められた場合は、そのアプリの発行元をきちんと確認する必要があります。

メールからサイトに飛ばず公式サイトを検索して確認

暗証番号やパスワードを尋ねるなどの重要な情報は、その会社の公式サイトのトップページに記載していることも多く、簡単にたどれるはずです。気になる場合はまず公式サイトで確認してみましょう。

新しいサービスを利用する場合は検索エンジンで評判を確認するのが望ましいでしょう。まったく評判のないサービスは利用しない方が安全です。

危険を防ぐポイント

1. 口座番号、ＩＤ、パスワードを尋ねるメール、ＳＮＳのメッセージなどは要注意！
2. 企業などの公式サイトから該当ページをたどれるかを確認しよう
3. 新しいサービスを利用する際は、本当に実在するかどうかと評判をチェック

13 アカウント乗っ取りとなりすまし
――パスワード管理の必須ポイント

自分だけでなく周囲にも迷惑がかかることがある

大学生になると、SNSやオンラインゲーム、通販サイトなど、インターネット上のサービスを多く利用していると思います。

これらのサービスでは近年、アカウントの乗っ取りが大きな問題となっています。これは、第三者があなたのID・パスワードで勝手にログインしてあなたになりすまし、商品を購入したり詐欺行為を働いたりするというものです。

たとえば、SNSの友人に対してあなたの名前で詐欺商法による勧誘が行われたり、オンラインゲームでレアアイテムが勝手に売り払われたり、フリマアプリで詐欺が行われたりということが起きています。

自分に対する被害だけでなく、友人・知人などほかの人にも迷惑をかけることがあるので、アカウントを乗っ取られないように対策しておく必要があります。

ID／パスワードの使い回しは乗っ取られやすい

アカウントの乗っ取りが起きるのは、パスワードが簡単なものに設定されている場合が多いのです。世界で一番使われているパスワードは「password」「12345」「西暦誕生日の8桁」などだといわれています。

もう一つの要因として、複数のサービスなどに同じIDとパスワードを利用しているケースも挙げられます。

同じID・パスワードを利用している場合、どこか一つのサイトでID・パスワードが流出すると、ほかの全てのサービスが危険にさらされることになります。

残念ながら、どのようなサイトでも情報が漏れることはあり得るので、利用者としてはIDとパスワー

（図表 13）アカウントが乗っ取られる主な原因

- ID・パスワードが簡単 ⇒ 自動化プログラムでパスワードを推測
- パスワードの使い回し ⇒ 1つのサイトから情報漏洩 ⇒ 全サイトで被害に遭う
- フィッシングサイト ⇒ 本物とそっくりの偽サイトでアカウントを入力
- マルウェア ⇒ メールの添付ソフト開封、不正サイトへのアクセス、アプリソフトウェアのインストールなど

ドをサイトごとに個別に設定するなどして自衛する必要があります。

パスワード管理のアプリを利用するのも選択肢の一つ

アカウントを乗っ取る手法は次々と進化しているので、ＩＤ・パスワードを使い回さないようにして二次被害を生まないようにすることが最低限必要です。

ＩＤ・パスワードを複数覚えておくのが大変だという人は、スマートフォンにパスワードマネージャーなどのアプリを入れて、パスワードを管理するのも一つの手です。

ただし、そのときにはパスワードマネージャーのアプリ自体が悪意のある危険なものでないかどうかの確認を忘れずに行うようにしてください（第2章の16「危険なアプリ」を参照）。

危険を防ぐポイント

1. パスワードは自分だけがわかるものにする
2. ＩＤ・パスワードは、同じものを複数のサイトで使い回さない
3. パスワードマネージャーなどのアプリで管理するのも手

14 不正ダウンロード
――ダウンロードするだけで罪に問われる

ネット上に無料公開されていても違法であるケースがある

インターネット上には音楽や画像、映像などさまざまなデータファイルがあります。これらのコンテンツは著作権によって保護されています。

インターネット上に無料で公開されているからといって、違法にアップロードされたものだと知りながらコンテンツのダウンロードを行う行為は違法です。そうした画像データなどをスクリーンショットで画面保存する行為も規制の対象となる可能性があります。さらに、違法にダウンロードしたコンテンツをファイル共有したり、動画サイトにアップロードする行為も違法であり、逮捕者も出ています。

著作権に関するマークを確認し合法サイトかどうかの見極めを

近年、漫画を無料で読めるという非合法なサイトが閉鎖されて話題になったように、無料サービスが合法的なものかどうかを確認しておく必要があります。

また、海賊版サイトは、閲覧しただけでウイルスに感染したり、個人情報に関わるデータが抜き取られたりする被害に遭う可能性もあるので注意が必要です。

たとえば、音楽や映像の場合はアプリやサイトに「エルマーク」や「ＪＡＳＲＡＣマーク」などの表記があるかどうか。漫画の場合は「ＡＢＪマーク」の表記があるかどうか。これらのマークがついていれば合法である可能性が高いといえます。

アーティストや映像制作者、漫画家たちは、作品が売れることによって収益を得ることができ、それによってさらに優れた作品を生み出すことが可能になります。コンテンツの制作者たちの活動を応援するためにも、合法的に作品を購入するよう

（図表 14）合法サイト・コンテンツを示す表記の例

Authorized Books of Japan
ABJ
00000000

エルマーク	JASRACマーク	ABJマーク
●エルマークは、音楽や映画などの配信コンテンツがレコード会社・映像制作会社から正規に提供されているというしるし	●JASRACマークは、JASRACが音楽著作権の手続きをしているしるし	●ABJマークは、電子書店・電子書籍配信サービスが、正規の配信サービスであることを示すしるし

＊このマークを偽造して表記していることもあるので注意

にしましょう。

違法コンテンツを入手してしまった場合は速やかな対処を

もし、ダウンロードした漫画や音楽などのデータファイルが不正コピーしたものであるとわかった場合は、そのデータファイルを削除しましょう。

オンラインショップやインターネットオークションで不正にコピーされた製品を購入してしまった（詐欺に遭ってしまった）場合は、サイトの管理者に連絡しましょう。

管理者が不明な場合は消費生活センター（73ページ参照）などに連絡して、どのように対処するか相談してみることで解決できるケースもあります。

危険を防ぐポイント

1. 不正ファイルをダウンロードするだけでも刑事罰が科せられる
2. 制作者を応援するためにも、信頼できるサイト、評判がきちんとしている人から購入しよう
3. 違法なコンテンツを購入してしまった場合は、サイト管理者や消費生活センターなどへ相談を

15 ネットゲーム／スマホゲーム
――驚きの請求額になるメカニズム

多くのスマホゲームが巧みに課金を誘う設計に

スマートフォンや家庭のゲーム機、パソコンなどでインターネットを介してほかのユーザーたちと競い合ったり交流したりするゲームがずいぶんと普及してきました。

特にスマホで行うゲームのことを「スマホゲーム」と呼びます。特徴としては1回ごとのゲームが短時間で遊べるように作られていること、基本的には無料で遊べるものの、ゲームを進行するためには便利なアイテムを購入しなくてはならないように設計されていることなどが挙げられます。

スマホゲームの広告でも「基本無料」などとされている場合が多いですが、実際には課金部分もあるのが一般的です。運営費用を得る必要があるのだから当然ともいえます（過去のゲームの配信など、完全無料の場合も一部あります）。

消費生活センターに高額課金の相談相次ぐ

これらのゲームでは、ちょうどゲームが面白くなってきたときに課金のタイミングが来るように設定されていることがほとんどです。

そのため、最初はほんの少額だけと課金を始めたにもかかわらず、ついつい熱くなり、気づいたときには高額の課金をしてしまっていたという相談が消費生活センターに数多く寄せられています。

課金上限の設定や支払いを毎月一定にするなどの対策を

高額課金を防ぐために、毎月の課金額に制限をつける方法があります。多くのサービスでは、課金上限を設定する、もしくは一定額に達したときにお知らせが来るという機能が提供されています。

こうした機能を利用することで自

（図表15）オンラインゲームに関する相談件数

PIO-NET（全国消費生活情報ネットワークシステム）に登録された相談件数の推移

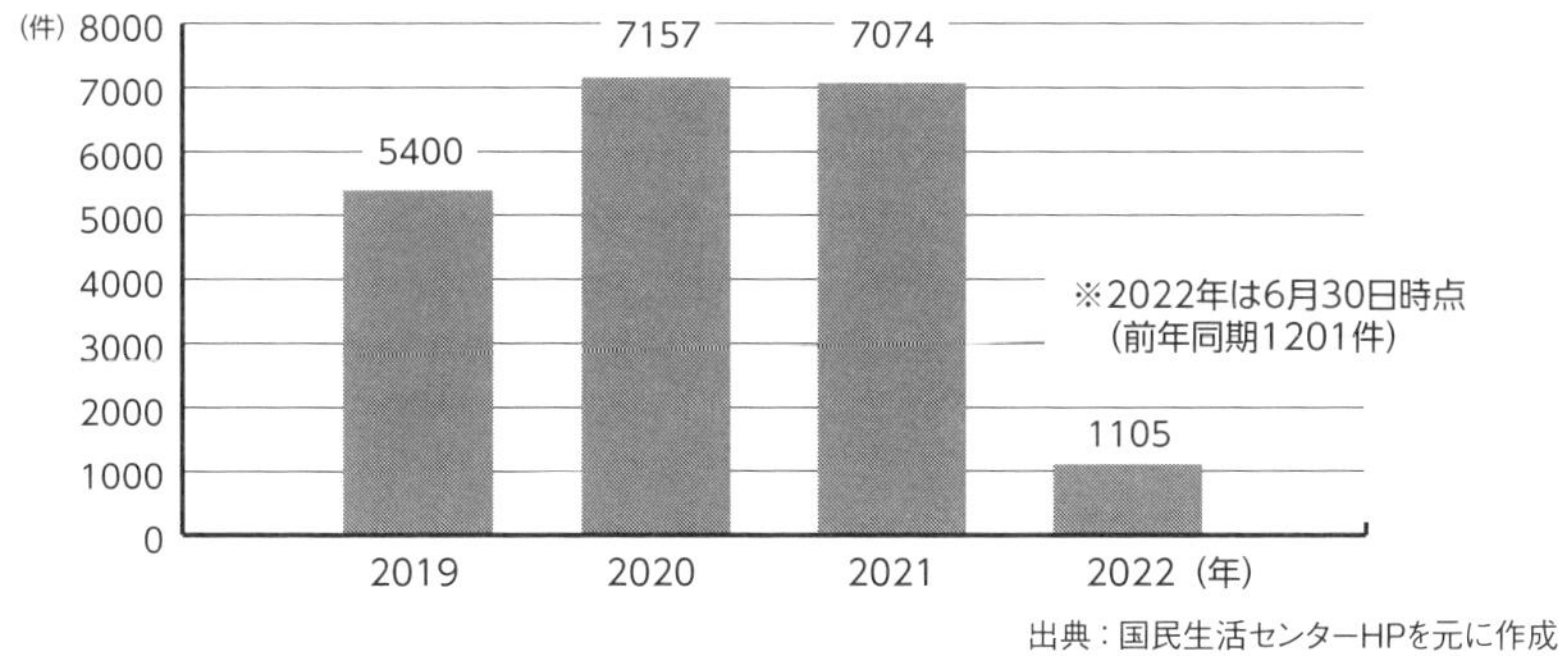

出典：国民生活センターHPを元に作成

分の使った金額を把握したり、無計画な課金を防ぐことができます。

高校生まではシステム側で自動的に設定していることが多いのですが、大学生の場合、18歳から成人になったこともあり、自分で設定する必要があります。

特にクレジットカード決済にしている場合、実際に請求されるのは1～2カ月後になるため、自分がその月にいくら使ったかがわかりにくいかもしれません。だからこそ、自分で1カ月の利用金額を決めて、上限を設定しておくことが重要な対策になるのです。

高額課金を防ぐもう一つの方法として、スマホゲームの支払いについては全てiTunesカードやウェブマネーに限定し、毎月一定額に抑えるという手法もあります。

こうした対策を取り入れながら、想定外の高額な課金をしないようにしましょう。

危険を防ぐポイント

1. 課金上限金額の設定機能や現在の課金額のお知らせ機能などを利用する
2. クレジットカードを登録せずにウェブマネーなどを利用し、月額利用料金を管理する

16 危険なアプリ

——便利でも安易に使用すると、取り返しのつかないことに

個人情報を抜き取ったりなりすましを行うアプリも

スマートフォンには便利なアプリがたくさんありますが、一部には危険なアプリや危険な目的で使用できてしまうアプリも含まれています。

たとえば、スマホに登録している友人などの連絡先情報をごっそり抜き取るものや、アプリで入れたパスワードを記録し、なりすましを行うフィッシング用アプリもあります（「フィッシング」については48ページ参照）。

また、アプリ自体が行動の監視を

目的とするものがあり、それを友人や恋人に知らないうちに入れられていた、などということもあります。

基本的には、審査をきちんと行う公式のアプリマーケット（アンドロイドではGoogle Play、iPhoneではApp Store）でアプリを取得するのが安全です。

ただし、アプリの使用法はさまざまなので一概にどれが危険かは決めつけられません。たとえば、子どもの利用状況の把握や、会社内の情報漏洩対策などに使う目的で開発された監視ソフトなどは公式のアプリマーケットでもダウンロード可能な場合があります。

判断が難しいところですが、ダウンロードの前に一度、アプリ名や作成者名でウェブ検索をしたり、アプリマーケットの直近の評価コメントを確認するなど、自衛することが大切です。

問題のないアプリでも被害に遭うケースも

アプリ自体は安全なものであっても、アカウントの漏洩により悪用され、電子マネーが使われてしまうなどの事件も起きています。

パスワードを適切に管理するとともに、スマホからしかログインでき

ない（ＰＣからはできなくする）ように設定をすることも有効な対策となります。

また、出会い系アプリやマッチングアプリなどを利用し、信用できそうだからと会ってみると、マルチ商法の勧誘を受けたり、勧められたビジネスが詐欺だったりという例も多発しています。

アプリ利用時の情報取得は内容をしっかり確認しよう

アプリ利用時に、コミュニティサイトとの連携やスマホ内の情報取得について確認を求められることがあります。

たとえば、利用しているコミュニティサイトに投稿してもいいか（＝勝手に友人に向けて宣伝される可能性）、あなたのＳＮＳのメッセージ（友人とのやりとりなど）を読み取ってもいいか、連絡先データ（＝友人の個人情報）を読み取ってもいいか、などです。多くは利用規約なども含めてさまざまなメッセージが出てくるため、面倒になって「ＯＫ」を押してしまうかもしれませんが、それではそうした行為をあなたが許可したことになります。「ＯＫ」を押す前に、何に同意をしているかを確認し、よく考えるようにしてください。

スマホのアプリは便利である半面、さまざまな悪用も可能だということを理解しておきましょう。また、アプリで知り合った人はあくまでも知らない人です。会うときは知らない人と会うという意識を持って行動してください。

危険を防ぐポイント

1. インストール前に、アプリ名や作者名で検索し、評判を確認する
2. ＩＤ・パスワードはできるだけ使い回さない。またスマホからしかログインできない設定があれば活用を
3. インストールする際、アプリが利用する項目を確認し、おかしなものがあったらインストールしない

17

ネット依存と情報の取り扱い

——ハマりすぎて「やめられない」を防ぐコツ

WHOがゲーム依存を精神疾患と認定

総務省の調査では、スマートフォンの利用者は、従来型の携帯電話利用者よりも利用時間が長くなるという結果が出ています。

友人とのコミュニケーションやウェブの閲覧も、それ自体は問題ありませんが、あまりに長くなると日常生活に支障をきたしてしまいます。

２０１９年には世界保健機関（WHO）がゲーム依存をギャンブル依存と同様の精神疾患と認定しました。ゲーム好きであっても、生活に支障が出るほどでなければ依存症とはいえませんが、調査をしてみると多くの人が長時間利用の傾向があると判断される可能性があります。スマホの利用も同様です。

スマホを使用しない時間を意識的に作るように

自分の予定や健康を考えて、適当なタイミングでスマホの利用をやめるようにしましょう。「翌日に差し支えるので」「今は移動中でスマホを使えないから」などと言って通話やメール、ゲームを切り上げることは、自分だけでなく相手にとっても好都合かもしれません。生活に支障が出ないようにスマホを使わない時間を意識的に持つことが重要です。

歩きながらスマホを見るなどの「ながらスマホ」をする人も増えています。ながらスマホに起因する事故は２０１８年で２７９０件に達しました。19年12月１日に施行された改正道路交通法では、罰則強化と違反点数の引き上げが行われました。携帯電話の使用などで道路における交通の危険を生じさせた場合、刑事罰の対象になります。

少数派の意見や異なる意見も排除することなく尊重を

インターネットでは、閲覧したも

（図表 17-1）主な機器によるインターネット利用時間と行為者率（平日）

	ネット利用平均利用時間（単位：分）			ネット利用行為者率（%）		
	PC	モバイル	タブレット	PC	モバイル	タブレット
全世代	57.6	110.0	124.0	30.7	83.5	10.4
10代	14.7	154.2	19.9	11.0	84	12.8
20代	76.1	201.0	16.9	32.3	94	10.2

（図表 17-2）主なコミュニケーション手段の利用時間と行為者率（平日）

	平均利用時間（単位：分）					利用行為者率（%）				
	携帯電話	固定電話	ネット電話	ソーシャルメディア	メール	携帯電話	固定電話	ネット電話	ソーシャルメディア	メール
全世代	6.4	1.1	4.2	40.2	35.7	17.0	2.5	5.0	50.0	47.9
10代	8.4	0.0	5.3	64.4	19.6	11.0	0.0	7.4	62.8	23.1
20代	6.0	6.0	14.0	84.1	20.1	12.6	0.5	9.3	22.1	30.5

出典：総務省「令和4年度 情報通信に関する現状報告の概要」

のに関連する情報が出やすくなります。見たい情報だけに囲まれる体験は心地よく快適ですし、事業者にとっては商品などを関心の高いユーザーに紹介しやすい仕組みなので、消費活動の喚起《かんき》にもつながります。

しかし、その結果として思考や思想が偏りやすいことが指摘されています。極端な思考を持つ人たちが集まり、閉鎖的で過激なコミュニティを形成することもあり、これをサイバーカスケードと呼びます。

大学生になったみなさんは、多様性という観点を重視する必要があります。少数派の意見、自分と異なる意見も排除せず、尊重するようにしてみましょう。そうすることで、サイバーカスケードに巻き込まれてしまうことを防ぐことができます。

また、安易に情報に飛びつかないことが重要です。その情報が本当に正しいか複数の情報源を確かめた上で信頼性を判断しましょう。発信した情報がデマだった場合、大問題になります。特定の人を誹謗中傷するデマを拡散してしまい、訴えられた事例もあります。ネット上の情報は玉石混交《ぎょくせきこんこう》です。注意して取り扱う必要があることを認識しましょう。

危険を防ぐポイント

1. 友人とのチャットやゲームでも、自分からやめどきを上手に提案しよう
2. 「ながらスマホ」は思わぬ事故につながるのでしないようにしよう
3. 複数の情報源を確かめて、情報の正しさを判断してから取り扱おう

18 スマホの分割払い
——支払いが滞れば、ブラックリスト入りの危険

スマホの割賦《わっぷ》購入はローンを組むのと同じ

大学生のみなさんは多くの人がスマートフォンを利用していると思います。

スマホの機種によっては、10万円を超える高いものも増えてきており、最近では20万円を超えるものもあります。

そのため、購入するときには割賦（分割払い）を選択する人が多いのではないでしょうか。そのような場合、携帯電話の料金を支払うときは決して滞納することがないように気をつける必要があります。

携帯電話を分割払いで購入している場合、それはローンを組んでいるのと同じことになります。携帯電話の通信料を支払っているだけだと思うかもしれませんが、実は毎月、携帯電話の通信料とスマホ端末のローンの双方を支払っていることになります。

スマホ料金の滞納でもブラックリストに

そのため、携帯電話の料金を滞納してしまった場合、それはローンの支払いを滞納しているのと同じことになります。

たとえば、これを3カ月などの長期間滞納すると、その人はローンの支払い能力のない人として、信用情報機関のブラックリスト（金融事故を起こした人のリスト）に掲載されてしまいます。

信用情報機関のブラックリストに掲載されるとどうなるのでしょうか。この信用情報機関の情報は、車や家をローンで買う際にも確認されます。そのため、この信用情報機関から金融事故情報が消えるまでの期間、あなたはローンを組むことができなくなります。信用機関によってこの期間は変わりますが、だいたい5年程度です。

（図表18）スマホ料金の滞納でブラックリスト入りするまで

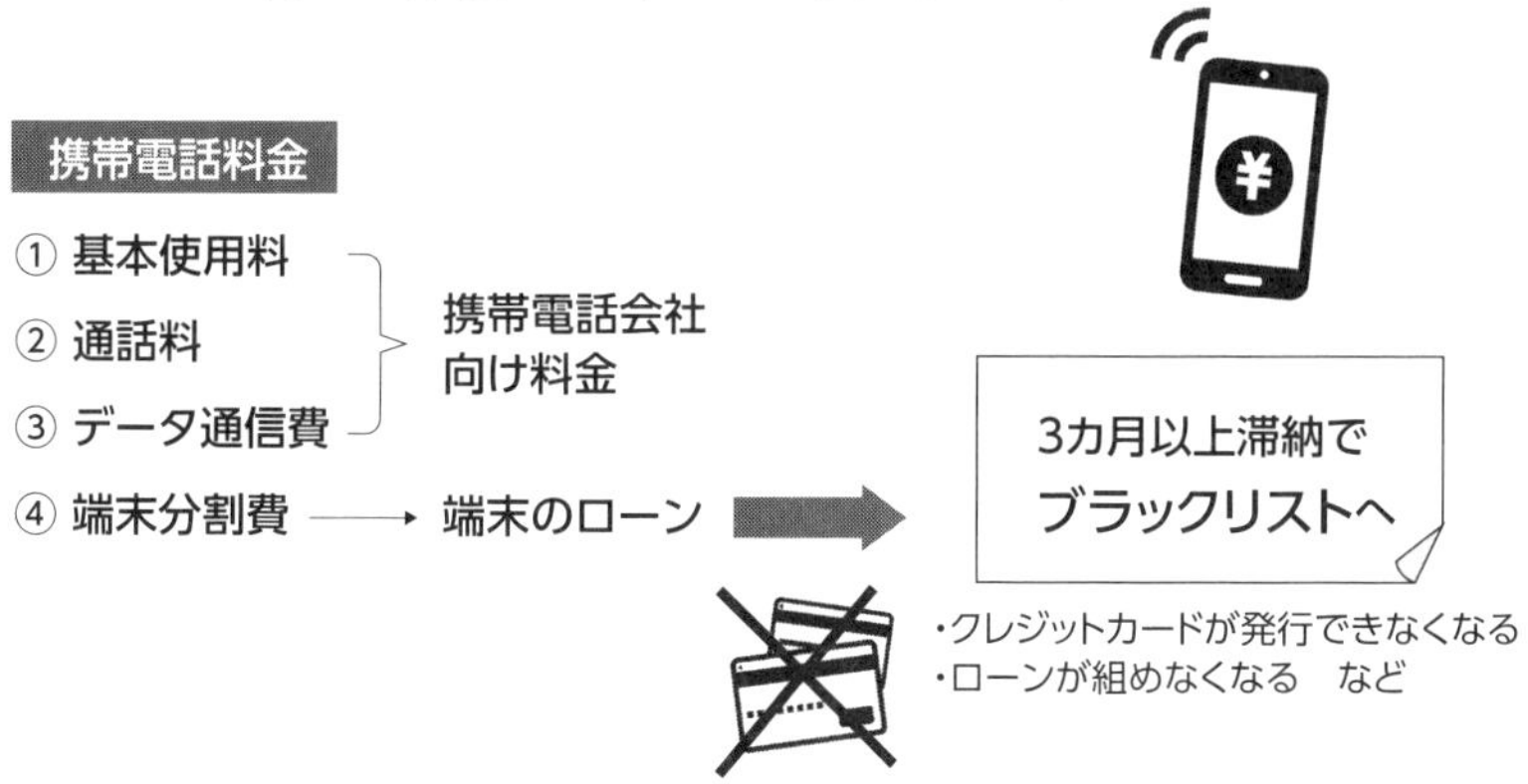

大学卒業後にローンを組めなかったという人も

飲食費などがちょっとかさんで、携帯電話の料金を滞納しただけとあなたは思うかもしれません。しかし、それによって最低5年間ローンを組めなくなり、車や家などをローンで購入することができなくなってしまうのです。

大学を卒業して社会人になり、いざ仕事で必要だから車を購入しようとしても、ローンが組めず、購入できなくなっていたという例が散見されています。

こうした事態になるのを防ぐのはとても簡単で、携帯電話の料金を滞納しないことです。口座振替などにしてきちんと毎月支払える状態を作りましょう。もしくは、携帯電話端末について一括で買ってしまえばローンを組む必要がありません。

危険を防ぐポイント

1. 携帯電話を分割払いで購入した場合、料金の滞納をしないようにしよう
2. 携帯電話端末は一括で購入した方が、使用料の滞納を防ぐ観点からはよい

●イザというときに役立つ連絡先・参考サイト ＜SNS・ネット編＞

☞ 警視庁　インターネットトラブル

https://www.keishicho.metro.tokyo.lg.jp/sodan/nettrouble/

☞ 総務省　実際に起きていることでネットの使い方を考えよう！

インターネットトラブル事例集（2022 年版）

https://www.soumu.go.jp/main_content/000707803.pdf

☞ 総務省　安心してインターネットを使うために国民のための情報セキュリティサイト

https://www.soumu.go.jp/main_sosiki/joho_tsusin/security/

☞ 一般財団法人 LINE みらい財団×国立大学法人静岡大学 塩田真吾准教授

情報リテラシー×防災「情報防災訓練」の教材を提供

https://line-mirai.org/ja/download/#c

宅配便で～す
宅配便
なんだろう、これ
○○化粧品？
高橋優奈
大学１年生
ご購入いただき、
どうもありがとうございます。
この商品は……ご購入したものと
異なるものが届いた場合は
●日以内にご返却ください……

悪質な人たちを寄せつけない！

心のスキを狙ってくるさまざまな手口

第３章

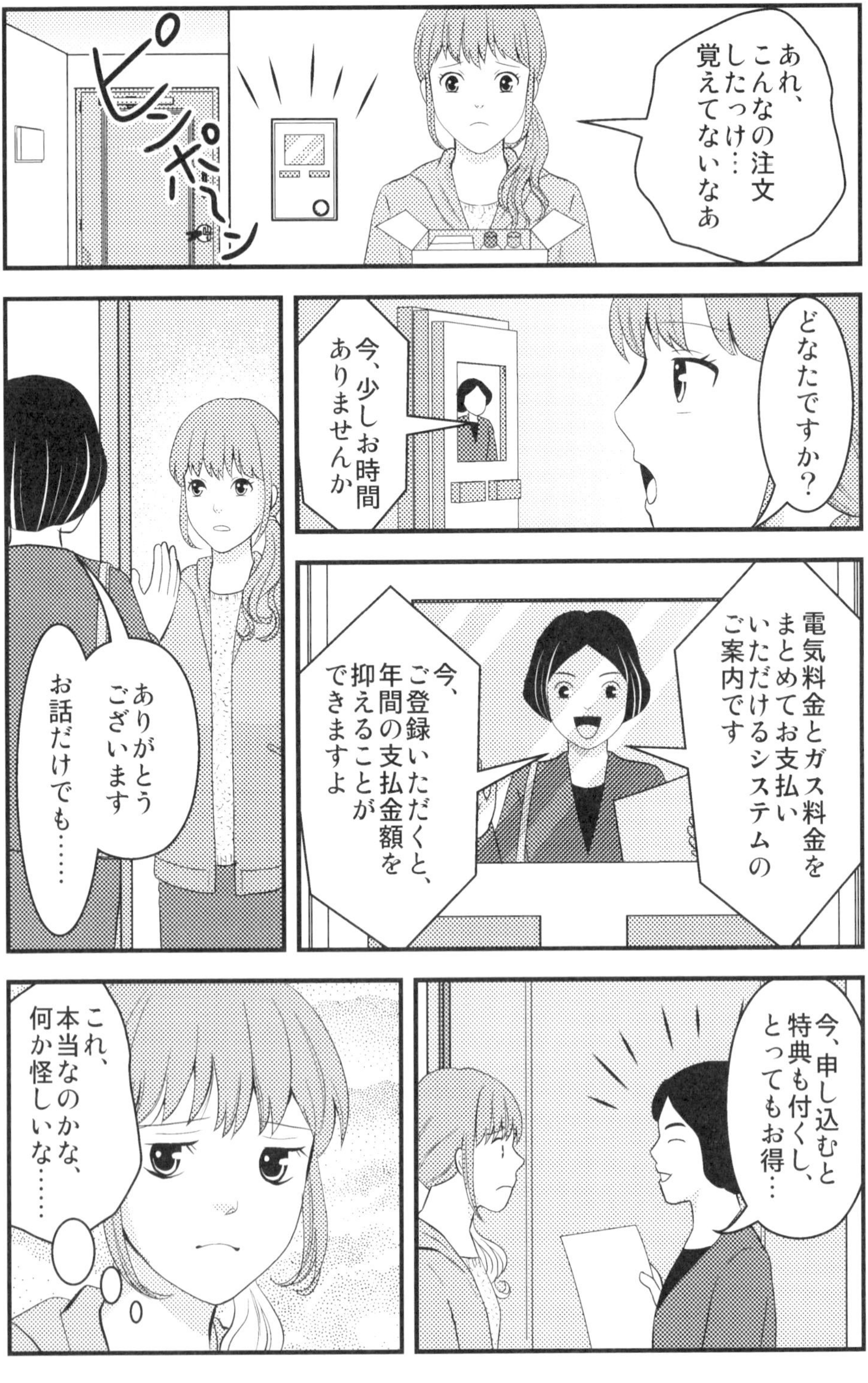
あれ、こんなの注文したっけ…覚えてないなぁ
ピンポーン
どなたですか？
今、少しお時間ありませんか
電気料金とガス料金をまとめてお支払いいただけるシステムのご案内です
今、ご登録いただくと、年間の支払金額を抑えることができますよ
ありがとうございます
お話だけでも……
今、申し込むと特典も付くし、とってもお得…
これ、本当なのかな、何か怪しいな……

この子、乗ってこないな
しょうがない 次の手に行くか
あれ、あそこに置いてある荷物、
○○化粧品の販売品ですね
お買いになられたのですね
ええ
ちょっとはっきり覚えていないんですけど
あれ
なんで分かるんだろう?
いえ、このあたりを営業で回っているんですけど
結構同じように買ったのかどうか分からずに、困っている人がたくさんいるみたいですよ
えっ、そうなんだ…

おじゃましました
ニッ…
ピンポ～ン
今度はなんだろう
は～い、どなたですか？
何か今日は大変だな
101号室の〇〇です
ちょっとお話ししてもよろしいですか
101号室の人……
どんな人だっけ？

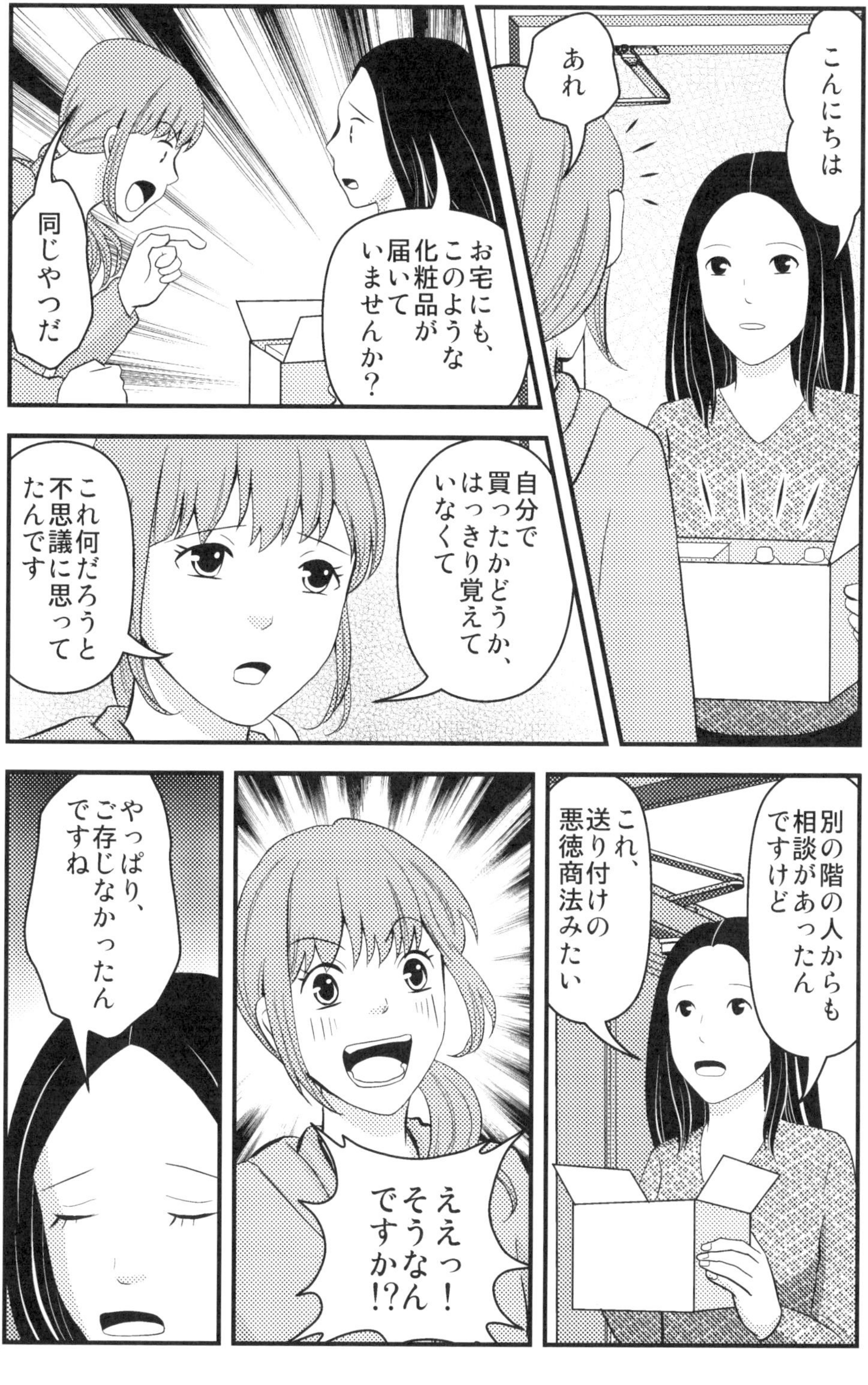
こんにちは
あれ
お宅にも、このような化粧品が届いていませんか？
同じやつだ
自分で買ったかどうか、はっきり覚えていなくて
これ何だろうと不思議に思ってたんです
別の階の人からも相談があったんですけど
これ、送り付けの悪徳商法みたい
ええっ！そうなんですか!?
やっぱり、ご存じなかったんですね

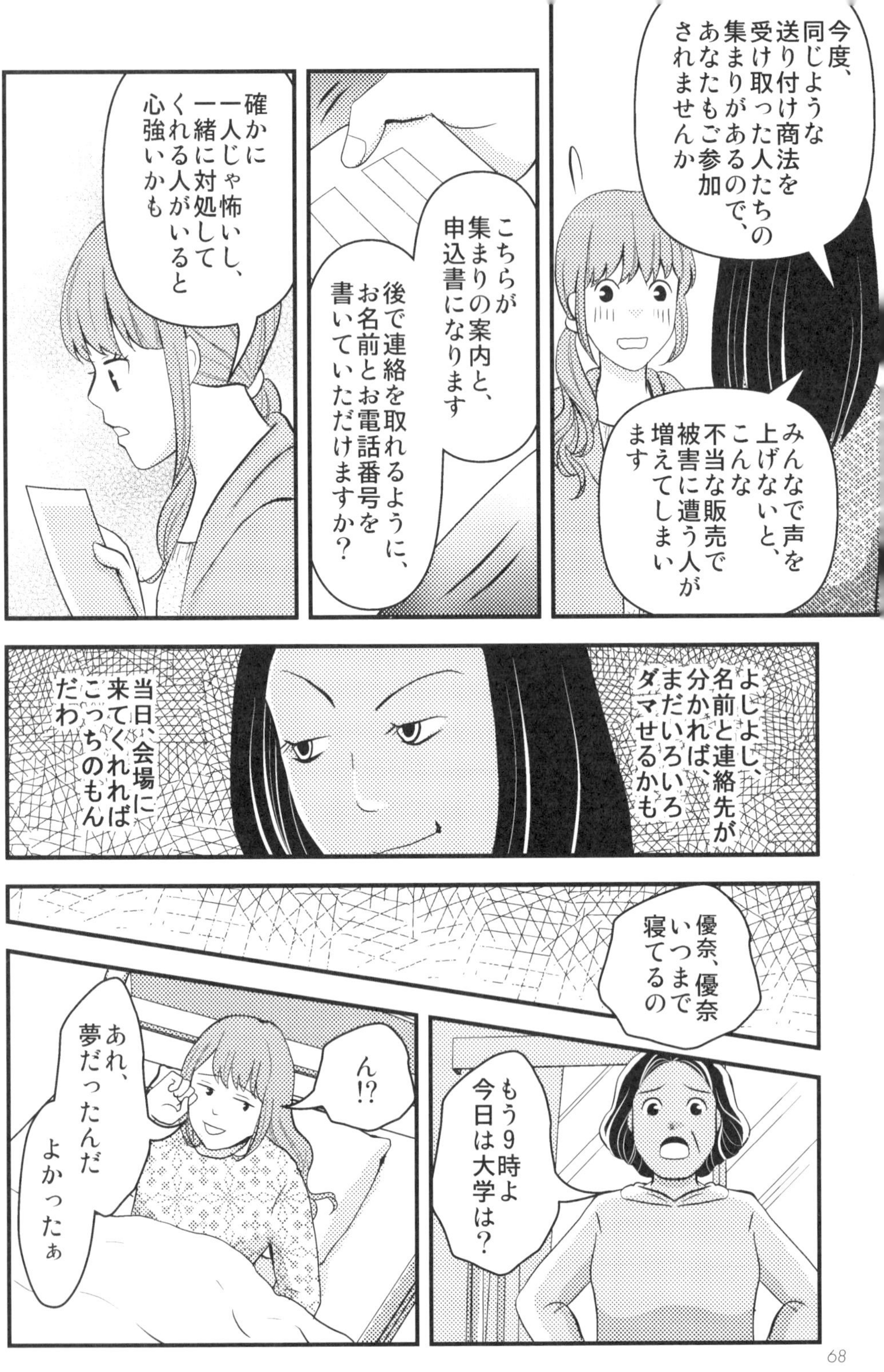
今度、同じような送り付け商法を受け取った人たちの集まりがあるので、あなたもご参加されませんか
みんなで声を上げないと、こんな不当な販売で被害に遭う人が増えてしまいます
こちらが集まりの案内と、申込書になります
後で連絡を取れるように、お名前とお電話番号を書いていただけますか？
確かに一人じゃ怖いし、一緒に対処してくれる人がいると心強いかも
よしよし、名前と連絡先が分かれば、まだいろいろダマせるかも
当日、会場に来てくれればこっちのもんだわ
優奈、優奈いつまで寝てるの
もう9時よ今日は大学は？
ん!?
あれ、夢だったんだ
よかったぁ

そうそう、こんな請求書が来てたわよ
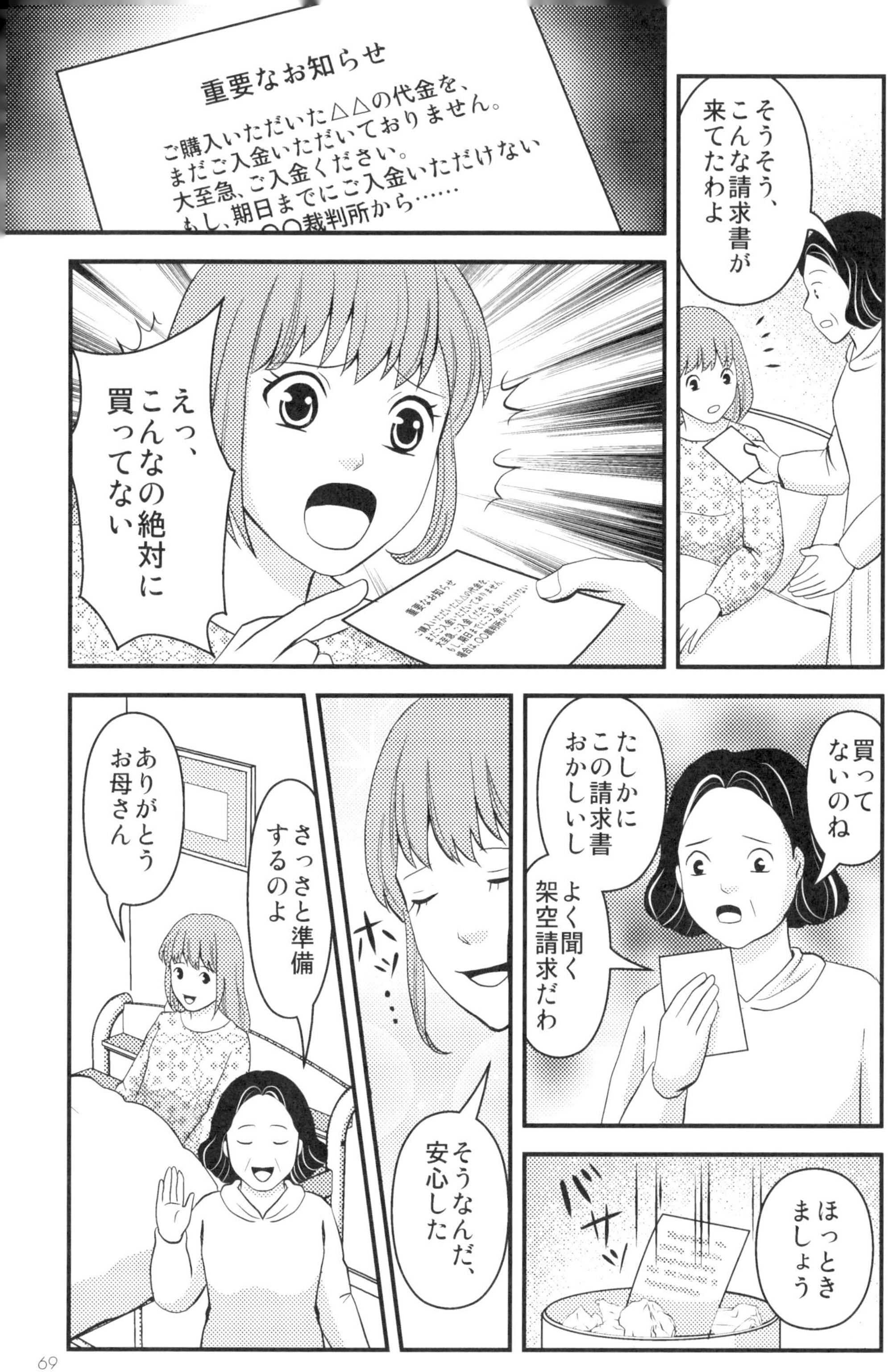

重要なお知らせ
ご購入いただいた△△の代金を、
まだご入金いただいておりません。
大至急、ご入金ください。
もし、期日までにご入金いただけない
○○裁判所から……
えっ、こんなの絶対に買ってない
買ってないのね
たしかにこの請求書おかしいし
よく聞く架空請求だわ
ほっときましょう
バサッ
ホッ…
そうなんだ、安心した
さっさと準備するのよ
ありがとうお母さん

19 契約トラブル
――「自分は大丈夫」という人ほど危ない

大学生になると増える契約行為

大学生活を始めると、いろいろな契約を結ぶ機会が増えるでしょう。

一人暮らしを始める人ならアパートや公共料金の契約、ほかにもアルバイト、スマホの購入、各種サブスクリプションの契約など、さまざまな契約行為が求められてきます。

成年年齢が18歳に引き下げられ、これからは親の承認が必要なくなり、自分の責任で契約し、その義務を果たしていく必要が出てきます。

悪質な業者は、社会経験が浅いみなさんにつけ込んで、「就職に役立つ」「みんなやっている」「今なら特典がある」などと契約を迫ってきます。

高額な商品でも、「アルバイトすれば支払える」「クレジットカードのリボルビング払いを利用すればよい」などと逃げ道をふさいでくるものです。

最近では、脱毛エステなどで男性がトラブルに巻き込まれるケースが増えています。タレントやモデルとして登録させ、登録料やレッスン料だけを取られ続けたり、必ず儲かると高額な投資教材を購入させられたりするケースも見られます。1回だけのつもりで購入したサプリメントや化粧品が定期購入になっていることもあります。

自分はダマされないと思っている人ほど要注意

自分はダマされないと思うかもしれませんが、いざ自分に降りかかると、冷静に対応できないものです。

いったん契約してしまうと、預貯金を使い果たしたり、学生ローンや消費者金融から多額の借金をしたり、クレジットカードのローンを返済できず多重債務に陥る恐れもあります。

知人から誘われた場合、断ると人

（図表19）大学入学後に遭遇した消費者トラブルなど

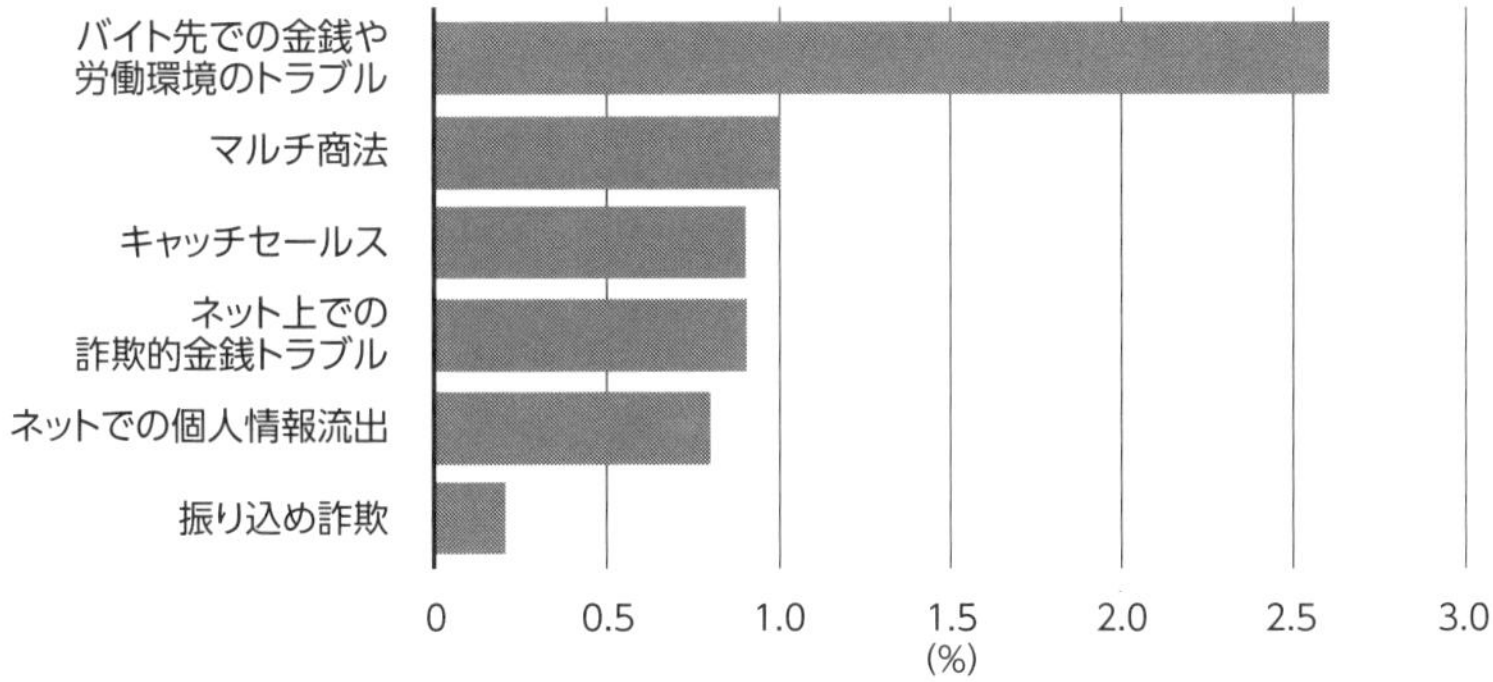

出典：全国大学生活協同組合連合会『CAMPUS LIFE DATA 2021』

間関係を損なうのではないかと心配する人もいますが、必要のないものは、きっぱり断る勇気を持ちましょう。アンケートなどでうかつに連絡先を教えないこと、呼び出しには応じないことも大切です。

万一、契約してしまっても対処方法はある

不本意に契約させられたとしても、一定の期間内であれば、クーリング・オフ制度により解約できる場合があります。ただし、ネットショッピングや通信販売は対象にならないことにも注意しましょう。

たとえ対象期間を過ぎていても、業者が契約時に虚偽の内容を告げていたりするような場合は、契約を解除できることもあります

いろいろな対応方法があるので、自分一人で抱え込んで悩まずに、家族や大学の相談窓口、最寄りの消費生活センター（73ページ参照）に相談しましょう。あるいは、消費者ホットライン[1]に電話してみてもよいでしょう。

危険を防ぐポイント

1. 知人から誘われても、必要なければきっぱり断ろう
2. 怪しげなアンケートには答えないようにしよう
3. 不本意に契約してしまっても、クーリング・オフで解約したり、消費生活センターに相談したりしよう

1　電話番号188（「いやや」全国統一番号）

コラム

知っておきたいクーリング・オフのやり方

訪問販売やキャッチセールスなどで不本意な契約を結んでしまった場合、契約後一定の期間内であれば無条件に契約を解除できる制度「クーリング・オフ」があります（特定商取引法）。

特に商品の購入を考えていないときに業者から勧誘され、冷静に判断できないまま契約してしまうような販売契約や、複雑でその場では契約の内容を理解しにくい取引が対象となります。

継続的に提供されるサービスの中でも、内容が専門的で効果が不確かなものとして、エステティックサービスや語学・パソコン教室なども対象です。これらはクーリング・オフの対象とする期間や金額が個別に定められているので、注意が必要です。

訪問販売の一形態であるアポイントメントセールスに、いわゆるSNSのメッセージ機能などで指定の場所に呼び出す方法なども対象に含まれています。

手続きとしては、クーリング・オフ期間内に書面（ハガキで可）で業者に対し契約を解除する旨を申し出ます。書面は両面コピーを取っておき、郵便局から特定記録や簡易書留などの「出した日付」が分かる方法で郵送しましょう。

クレジット契約をしているときは、クレジット会社にも同時に通知します。

クーリング・オフは書面を出した瞬間に有効になります。書面のコピーと簡易書留などの証明書の2つが証拠になりますので大切に保管してください。

ただし、クーリング・オフは契約を解除するものであることに注意しましょう。契約した覚えや証拠がないときにクーリング・オフ通知書を送ると、それが契約をした証拠として悪用される恐れがあります。架空請求や出会い系サイト、アダルトサイトなどからの請求にクーリング・オフ通知書を送る際は注意が必要です。迷う場合は消費生活センターに相談しましょう。

《取引形態とクーリング・オフ期間》

取引形態	期間
訪問販売(キャッチセールス、SNSによる誘い出しも含む)	8日間
電話勧誘販売	8日間
エステ、美容整形、語学教室等の特定継続的役務提供	8日間
業者が自宅等に訪ねてきて、商品の買い取りを行う訪問購入	8日間
マルチ商法などの連鎖販売取引	20日間
内職商法、モニター商法等の業務提供誘引販売取引	20日間

《クーリング・オフなどの相談先》

・国民生活センター　消費者ホットライン　188(「いやや」全国統一番号)
・国民生活センター　平日バックアップ相談　03-3446-1623(平日10～12時および13～16時)
・消費生活センター 都道府県別所在地一覧(国民生活センターのホームページ)
http://www.kokusen.go.jp/map/

ここがポイント

●クーリング・オフ期間内に書面(ハガキで可)で業者に対し契約を解除する旨を申し出る
●クレジット契約をしているときは、クレジット会社にも同時に通知する
●書面は両面コピーを取っておく
●郵便局から特定記録や簡易書留などの「出した日付」が分かる方法で郵送する
●書面のコピーと簡易書留などの証明の紙の2つがクーリング・オフをしたことの証拠になるので、大切に保管する
●契約時に業者が事実と違うことを告げて消費者の誤認を招くような行為をしていた場合、定められた期間を過ぎていてもクーリング・オフができる場合がある
●クーリング・オフに関する事項は契約書に記載されているので確認する
●ネットショッピング、通信販売にはクーリング・オフ制度がないので注意する

20 訪問販売
――ペースに乗せられる前に、きっぱり断る勇気を

突然やってくる訪問セールスに注意

自宅にセールスの人が化粧品や日用品などの販売に訪れてくることがあります。電気代が安くなりますとか、消防設備の点検が必要ですなど、いろいろなケースがあります。

あなたが選ばれました、などの特典をアピールすることもあるかもしれません。

つい話を聞き始めてしまうとなかなか口を挟む機会を得られず、強引さに押されて契約してしまったなどというケースが後を絶ちません。

一人暮らしを始めた引っ越し直後に訪れ、あたかも管理会社と関係があるように装って点検やメンテナンスが必要だと言ってくることもあります。

最近では、SNSなどで連絡して外に呼び出して勧誘する行為もあります。

話を聞いてしまうと相手のペースに乗せられる

これらのほとんどは、消費者に冷静な判断をする時間を与えずに契約を結ぼうとする悪徳商法です。

あまり必要と思っていなくても、強引さに押されて買ってしまったという話をよく耳にします。

相手はプロです。何かにつけて会話を続け、聞き始めてしまうと相手のペースに乗せられていきます。

「話だけでも」と言われ、「むげに断るのもなんだから、話だけでも聞いてあげよう」という気持ちになるかもしれません。しかし、対面で長く話を聞いてしまうと、断りづらくなるものです。気が優しい人こそ、話が長くなる前にきっぱりと意思表示をすることが大切です。

とにかく断ること。話を聞き始めないことが大事です。

断るのに理由は不要です。どうしてですかと問われても、変に理由を

（図表 20）大学入学後に遭遇した消費者トラブルなど

○不要なテレビなどの家電製品を整理するため、買取業者に電話をかけて来てもらったが、業者が勝手に貴金属も買い取った。返品してほしい
○訪問買取業者に見積もりのために来てもらい、見積額が希望に合わなかったので断ったが帰ってもらえず、結局ブランド物のバッグを売却した。クーリング・オフの方法を教えてほしい
○突然、不要なアクセサリーを買い取ると業者が訪問してきた。50 点以上の指輪やネックレスなどを安価で買い取られたが、返してほしい
○オーディオの査定を依頼した買取業者から勧誘され、自転車、ブランド時計、テレビなどを売却した。査定額が安すぎたと思うので解約したい
○不用品買取業者から、「何でも買い取る」と電話勧誘を受け、来訪を承諾して住所を伝えたが、後から心配になり断りたい。どうしたらいいか

出典：国民生活センター HP より

つけず、「いりません」「興味ありません」ときっぱり断りましょう。

訪問購入という悪徳商法もある

訪問購入という事例もあります。「突然自宅を訪れた知らない業者に、十分な説明もなく宝石、指輪、金貨などの貴金属を安値で買い取られた」というようなものです。「今が一番高値です」「早くしないと大損ですよ」などのセールストークで勧誘する手法です。その場で判断を迫られるようなときは、特に注意しましょう。

いったん貴金属を引き渡してしまったら、取り戻すことは不可能に近くなります。

万が一、不本意にも契約してしまった場合は、一人で抱え込んでしまわずに、友人や大学の相談窓口、あるいは近くの消費生活センター（73ページ参照）に相談したり、消費者ホットライン[1]に電話してみたりしましょう。

クーリング・オフ制度（72～73ページ参照）を利用して適切に対処することも大切です。

危険を防ぐポイント

1. ドアを開ける前に、用件を確認するクセを（不用意にドアを開けない）
2. 怪しいと感じたり、商品に興味がない場合は、勇気を持ってきっぱり断ろう
3. 不本意にも契約してしまったら、消費生活センターや消費者ホットラインに相談しよう

1　電話番号 188（「いやや」全国統一番号）

21 送りつけ商法
――とりあえず受け取ってしまうと、カモにされるかも

身に覚えのない商品が届いていませんか？

ある日、身に覚えがない商品が突然届くことがあります。

荷物が届いたとき、わざわざ送り主や中身を確認してから受け取る人は少ないと思います。一人暮らしを始めたばかりだったら、あれ、これ何だったっけ？　と疑問に思いながらも受け取ってしまうこともあるでしょう。

まして家族で一緒に生活していたら、誰が頼んだものか、誰宛てのものか、取りあえず受け取ってから後で確認するのではないでしょうか。

代金引換郵便など、代引きの場合には、少しは気にするかもしれません。それでも、それほど高額なものでなければ、取りあえず受け取ってしまうのではないでしょうか。

代金引換には特に注意が必要です。誤って支払ってしまった場合、お金が返ってこない可能性が高くなります。まず、届いたものが何で、実際に自分や家族が購入したものなのか、確認することが大切です。

数千円程度なら立て替えておこうと思って…

化粧品や美容グッズなどで、数千円程度のものだと、受け取って支払ってしまう事例がよくあります。そんなに高額でもなかったからというのがその理由です。

そこにつけ込んでくるのが送り付け商法です。悪質な業者の思惑のまま家で眠っている商品があるかもしれません。

いったん受け取って代金を支払ってしまうと、ダマされやすい消費者だと思われ、それから何度も商品が送りつけられてしまう可能性もあります。

中にはあたかも試供品で無料のように見せかけ、後で請求をしてくる場合もあります。

（図表21）一方的な送りつけ行為への対応3箇条

その1：商品は直ちに処分可能

注文や契約をしていないにもかかわらず、金銭を得ようとして一方的に送りつけられた商品については、消費者は直ちに処分することができます

その2：事業者から金銭を請求されても支払い不要

一方的に商品を送りつけられたとしても、金銭を支払う義務は生じません。
また、かりに消費者がその商品を開封や処分しても、金銭の支払いは不要です
事業者から金銭の支払いを請求されても、応じないようにしましょう

その3：誤って金銭を支払ってしまったら、すぐ相談

一方的に送りつけられた商品の代金などを請求され、支払い義務があると誤解して、金銭を支払ってしまったとしても、その金銭については返還を請求することができます

出典：消費者庁ＨＰ「特定商取引法が改正されました」

かりに使用してしまっても支払い義務はなし

特定商取引に関する法律では、業者から商品が送られて手元に届いただけでは、それを購入したことにはなりません。

令和3年に法律が改正され、金銭を得る目的で一方的に送りつけられた商品は直ちに処分することができることになりました。開封したり、使用したりしても、支払い義務は生じません。

請求書が送られてきても応じる必要はありません。

誤って代金を支払ってしまっても返金を請求することができます。対応に困ったら、友人や大学の相談窓口、あるいは近くの消費生活センター（73ページ参照）に相談したり、消費者ホットラインに電話[1]したりしてみましょう。

危険を防ぐポイント

1．身に覚えのない商品が届いても、お金は払わない
2．代金引換の場合は、受け取りを拒否しよう
3．誤って代金を払ってしまったら、返金を請求しよう

1　電話番号188（「いやや」全国統一番号）

22 架空請求

——「払わなければならない」と思わせるやり口

身に覚えのない請求書が届いたら…

突然、身に覚えのない請求書が届くことがあります。

スマートフォンで手軽にネット決済ができるようになったことから、自分が誤って何かを申し込んでしまったのか、有料サイト（アダルト系など）にアクセスしてしまったのかと、不安に思うこともあるかもしれません。

何気なくクリックしたサイトでいきなり「登録完了」などと表示され、登録料を請求されるクリック詐欺の事例も多く報告されています。「退会はこちら」「お問い合わせ」などのボタンを設け、住所やメールアドレスなどを入力させる場合もありますが、クリックしただけでは、相手はこちらの個人情報を取得できませんので、入力しないようにしましょう。

決してその業者とコンタクトを取ってはいけない

身に覚えのない請求書が届いたからといって、請求先に連絡したりしてはいけません。悪質業者の思うつぼです。

連絡をしてしまうと、言葉巧みに個人情報を取得したり、恫喝《どうかつ》したり、法律用語を並べて、あたかも債務が存在するかのように思い込ませてきます。逆に、とても親切に説明することであなたを信頼させ、おかしいことに気づかせないようにしてくることもあります。

そんなのにダマされるわけがないと誰もが思います。しかし、イザ自分に降りかかると、意外とあわててしまうものです。

自分がきちんと申し込んだり、お金を支払うことを了解して使用したものでなければ、無視すればよいのです。しつこい場合は消費生活センター（73ページ参照）などに通知し

（図表 22）裁判所からの本当の通知かどうかを見分ける方法

○「特別送達」と記載された、裁判所の名前入りの封書で送付され、電子メールで送付されることはありません
○郵便職員が宛名人に手渡すのが原則で、郵便受けに入れられることはありません
○「支払督促」や「少額訴訟の呼出状」の「事件番号」・「事件名」が記載されています
○金銭を振り込む預金口座が記載されることはありません。裁判所から「お金を振り込むように」という連絡が来ることもありません
○発送元・連絡先が本当の裁判所であるかどうかについては、電話帳や消費生活センターなどで確認しましょう

出典：法務省 HP を元に作成

ましょう。

「少額訴訟」を悪用した架空請求のケースでは

ただし、悪質業者による「少額訴訟」などの裁判手続きを悪用した架空請求の事例も少なからず見られます。悪質業者が簡易裁判所に申し立てをして、本物の呼び出し通知が簡易裁判所から送られてくるのです。

簡易裁判所では悪質業者からの申し立てかどうかは確認しません。手続きに則って呼び出し通知が送られてきますので、本当に裁判所からの通知だった場合、放置していたら悪質業者の主張を認めたものとして敗訴する可能性が生じます。

通知が偽物の場合もあります。簡易裁判所の連絡先を自分で調べて本当に裁判所からの通知かどうかを確認した上で対処することが重要です。

もし迷ったり、悩んだりするようなことがあったら、消費者ホットラインに電話[1]したり、消費生活センターに相談したりしましょう。

危険を防ぐポイント

1. 身に覚えのない請求、および契約意思のない契約料の請求は無視しよう
2. 少額訴訟を悪用した通知は、本当に簡易裁判所からの通知か確認しよう
3. 不安に感じたり、迷ったりしたら、消費者ホットラインや消費生活センターに相談しよう

1　電話番号 188（「いやや」全国統一番号）

23 マルチ商法
——簡単にお金を儲けられる話はない！

こんな状況の中でさまざまな問題が発生するため、こういったやり方は「特定商取引に関する法律」により「連鎖販売取引（マルチ商法）」として厳しく規制されています。

扱われる商品は投資商材、健康器具、化粧品…

相席の居酒屋で出会った異性や出会い系サイト、SNSなどを通じて知り合った異性から、デートを重ねるうちに高額商品を売りつけられて、マルチ商法に巻き込まれたりします。

悪質なケースでは、その異性が、クーリング・オフの期間を過ぎてから姿を消すようなことも耳にします。

最近では株などの投資話で、すぐに儲かるような語り口で、教材やデータが入っているという高価なUSBメモリーを買わせることがあります。もちろん儲かることなどなく、友だちを紹介したり、友だちに同じ商品を購入させたりすると一定収入が得られるといって、友だちの勧誘を強要する事例も見られます。

マルチ商法とは、会員が新会員を勧誘し、その新会員がさらに新しい会員を勧誘する形で会員を増やしながら商品を販売していく構造で、会員を多く増やすことでより高い利益

マルチ商法の勧誘に要注意

友人や先輩に簡単に儲かるいい話があると誘われ、セミナーに参加してつい会員になってしまうと、商品を売るためにさらに会員を増やさなければならなくなってしまうことがあります。

友だちを誘って会員にし、商品を売ればマージンが入ると、いかにも簡単なことのように勧誘されますが、友だちを誘ってみても、そんなに簡単に会員になってもらえるはずもなく……。

（図表23）最近のマルチ商法の事例

○「月額料金を支払うと安く旅行できる」と勧誘されて会員制クラブに加入した。後になって調べたところ、マルチ組織であることがわかったので、退会したい
○大学生の息子がFX自動売買ソフトのマルチ商法の契約をしていた。消費者金融を利用しており心配だ。やめさせたい
○友人に誘われて説明会へ行き、オンラインゲームのアカウントを取得するよう人を勧誘して稼ぐ副業の契約をしたが、不審なのでやめたい
○友人に勧められて、副業として英会話教材のマルチ組織に加入したが、やはり自分には向いていないと思ったので、クーリング・オフしたい
○知人に「投資の勉強会に参加すれば確実に儲かる」と誘われ、オフィスに行って入会登録したが、マルチ商法だとわかった。登録料を返金してほしい

出典：国民生活センター HP

が得られるような仕組みとなっています。

扱われる商品は健康器具、化粧品、学習教材などさまざまです。

人間関係を壊してしまうリスクも

甘い言葉に乗って会員になってしまうと、新会員を思うように勧誘できず、仕入れた商品が売れずに在庫を抱えてしまうケースがほとんどです。ついつい誇大な宣伝をしてしまったり、友人、知人を巻き込むことになって、身近な被害者を増やしてしまったり、あるいは、友人を失ってしまったりすることにもなります。

世の中、都合のいい儲け話はありません。はじめに断ることが大切です。

いったん契約してからも、クーリング・オフ制度（72ページ参照）を利用して解約することができます。クーリング・オフ期間を過ぎても、解約できるケースもあります。

友人や大学の相談窓口、消費生活センター（73ページ参照）などにも相談するとよいでしょう。消費者ホットラインに電話[1]してみてもいいでしょう。

危険を防ぐポイント

1. 怪しい誘いには耳を貸さない。都合のいい儲け話はないと心得よう
2. 恋は盲目、デート商法にダマされないように
3. 一人で抱え込んで悩まずに、大学の相談窓口や消費生活センターに相談する勇気を持とう

1　電話番号188（「いやや」全国統一番号）

24 空き巣
――オートロックのマンションだから安心していたら……

空き巣対策には戸締まりが何より有効だが…

空き巣の全国の認知件数は、2021年で約1万1000件。内訳は一戸建て住宅で約7400件、共同住宅で約3800件。3年前から半減しています。

侵入手口は、共同住宅で戸締まりを怠っていたものが約1600件（43%）、施錠を開けたり破ったりしての侵入が約920件（24%）、ガラスを破っての侵入が約680件（18%）となっています。戸締まりは大切ですが、カギをかけたから安心ではないこともわかります（令和3年の刑法犯に関する統計資料、令和4年6月、警察庁より）。

オートロックマンションでも油断はできない

オートロックのマンションでも注意が必要です。宅配業者などと一緒に入ったり、死角になっている共用部分から侵入したりすることもあります。以前の住人からカギや暗証番号がもれていることもあるかもしれません。

オートロックだからといって、過信しないようにしましょう。

玄関のそばや郵便受けなどへの隠しカギなどもやめましょう。その行為を誰が見ているかわかりません。

こんな行為がどろぼうに狙われる

どろぼうは必ず下見をするといわれています。夕方や夜まで洗濯物を干していると、家にいないと公言しているようなもの。長期間不在にするようなときにも注意が必要です。

窓は防犯ガラスにしたり、防犯フィルムを貼ったり、施錠をしっかりしたりするなどして、普段から防犯意識を高めましょう。

一度空き巣に入られてしまうと、また狙われるのではないかと不安に

（図表24-1）空き巣の認知件数

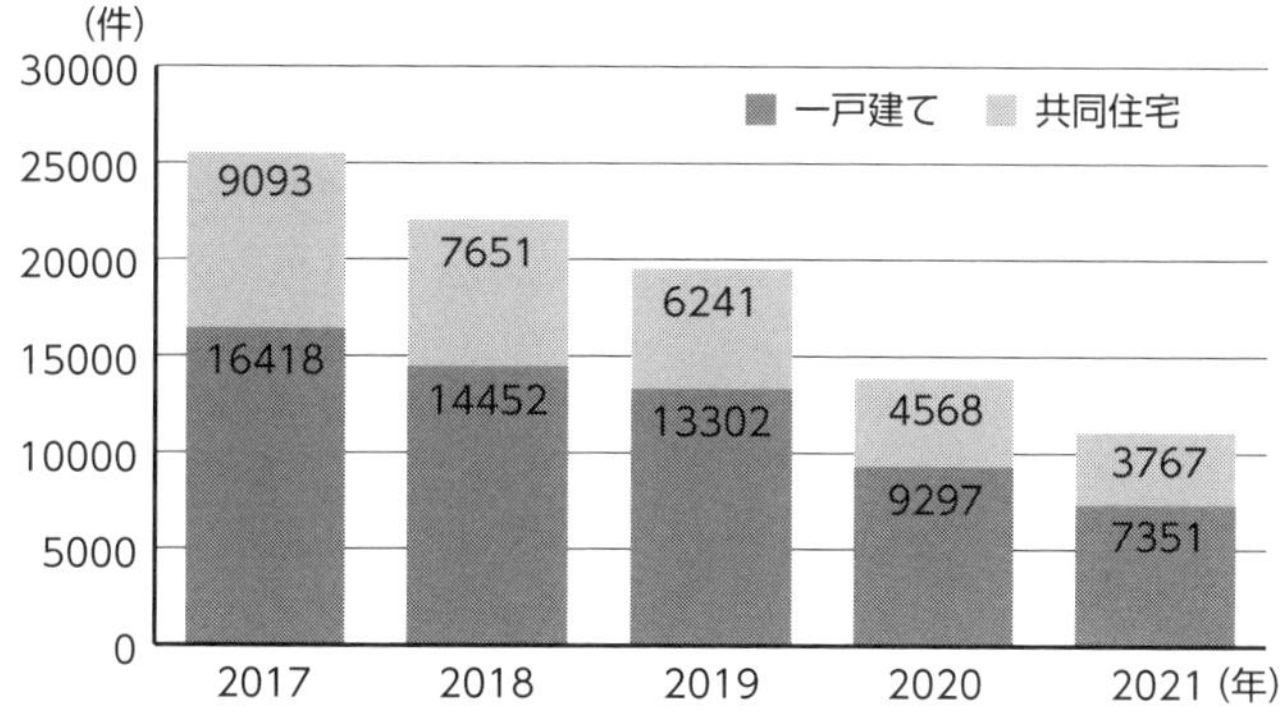

（図表24-2）2021年の空き巣の侵入手口

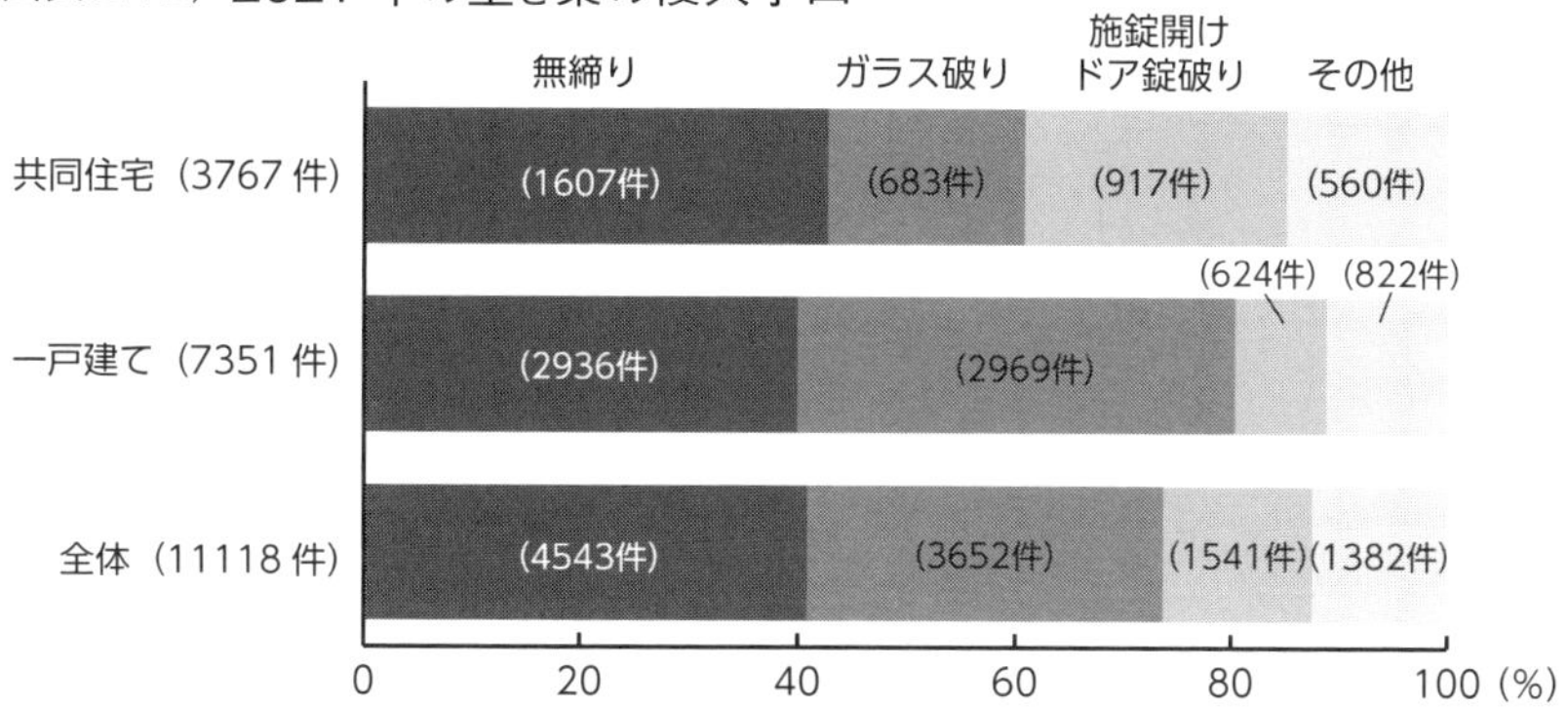

出典：警察庁「令和3年の刑法犯に関する統計資料」を元に作成

なり、引っ越しを余儀なくされることもあります。

自分は大丈夫だと思い込んだり、盗まれるようなものはないからなどと考えて油断したりすることは禁物です。

危険を防ぐポイント

1. オートロックのマンションも油断してはいけない
2. 窓は防犯ガラスにし、出入りできるところのカギのかけ忘れに注意しよう

25

カルト／マインドコントロール
――誰しもが持つ心の隙間に付け入る恐ろしいもの

怪しい宗教団体やカルト集団は身近にある

社会を驚かせるような大きな騒ぎを起こす怪しい宗教団体やカルト組織は、常に存在し続けています。

近年、この問題の根の深さや対処の難しさがクローズアップされ、みなさんも身近に感じていることでしょう。

表向きは何をやっているか分からず、所属する人々から多額のお金を吸い上げたり、組織の普及活動や勧誘活動に多大な時間と労力を費やさせたり、あるいは特定の人物をまつり上げて、全てをその人物の意のままに進めたりしている組織などが存在します。

ある意味、うまくマインドコントロールされている人たちがたくさんいるのです。

はじめからそれを分かった上で、入るかどうかを判断している人はいません。

はじめは正体を隠して近づいてくる

こういった団体は、はじめは正体を隠して、リーダーシップを磨く活動だとか、地域貢献のボランティア活動などといって、気軽に参加できるふうを装います。

そこから徐々に引き込んでいき、気がついたら抜けられなくなっていた、あるいは、こういった状況にすら気づかないまま、今度は自分が友人や知人を勧誘する立場になってしまいます。

大学生という貴重な期間に、こういったことに時間や労力、人間関係を浪費してしまっては悔やんでも悔やみ切れません。

人の心は、自分で考えるほど強いものではありません。ちょっとしたことで、へこたれたり、くじけたりして弱くなります。コロナ禍でそのような経験をした人もいるのではないでしょうか。

そんな心の隙間に、巧みに入り込んでくるのがマインドコントロールです。

ひとたびその深みにはまってしまうと、本人の力だけではもうどうすることもできない状況に陥ってしまうのです。

自分一人で解決しようとせず専門家の力を借りる

まずは自分自身がそのような立場に陥らないよう、気持ちを強く持つことが必要ですが、心のかすかな隙間に魔の手は忍び込んでくるものです。

不安を感じたり、変に思ったら、大学の相談窓口やカウンセラーに勇気を持って相談しましょう。

友人や両親に相談したりすることも考えられますが、友人や両親がすでにマインドコントロールを受けていることも考えられます。

友人の相談に乗ってあげる機会もあるかもしれませんが、相談に乗るつもりで自分が相手の影響を受けてしまうこともあります。

こういった問題があることを十分に認識するとともに、みなさんの大学でも必ず何らかの対応をしているはずですので、一度確認しておきましょう。

1人で抱え込まず
大学の相談窓口などに
相談しよう

危険を防ぐポイント

1. 大学の相談窓口やカウンセリングへの問い合わせ方法などを、自分には関係ないと思わずに確認しておこう
2. 不安に感じたり、悩んだりすることがあったら、一人で抱え込まずに大学の相談窓口に相談しよう

●イザというときに役立つ連絡先・参考サイト <消費者トラブル編>

☞ 各大学の各種相談窓口

みなさんが入学された大学に、Webや対面での相談窓口が設置されています。
自分の大学のホームページで確認してください。

☞ 消費者ホットライン１８８（いやや）番の御案内

https://www.caa.go.jp/policies/policy/local_cooperation/local_consumer_administration/hotline/assets/local_cooperation_cms204_220815_01.pdf

☞ クーリング・オフ（国民生活センターＨＰ）

https://www.kokusen.go.jp/soudan_now/data/coolingoff.html

☞ 全国の消費生活センター等（国民生活センターＨＰ）

https://www.kokusen.go.jp/map/

☞ 若者の消費者トラブル（国民生活センターＨＰ）

https://www.kokusen.go.jp/soudan_now/data/wakamono.html

☞ 身近な消費者トラブルＱ＆Ａ（国民生活センターＨＰ）

https://www.kokusen.go.jp/t_box/t_box-faq.html

学生生活は心配事もいっぱい！

日常に隠れたトラブルの芽

第4章

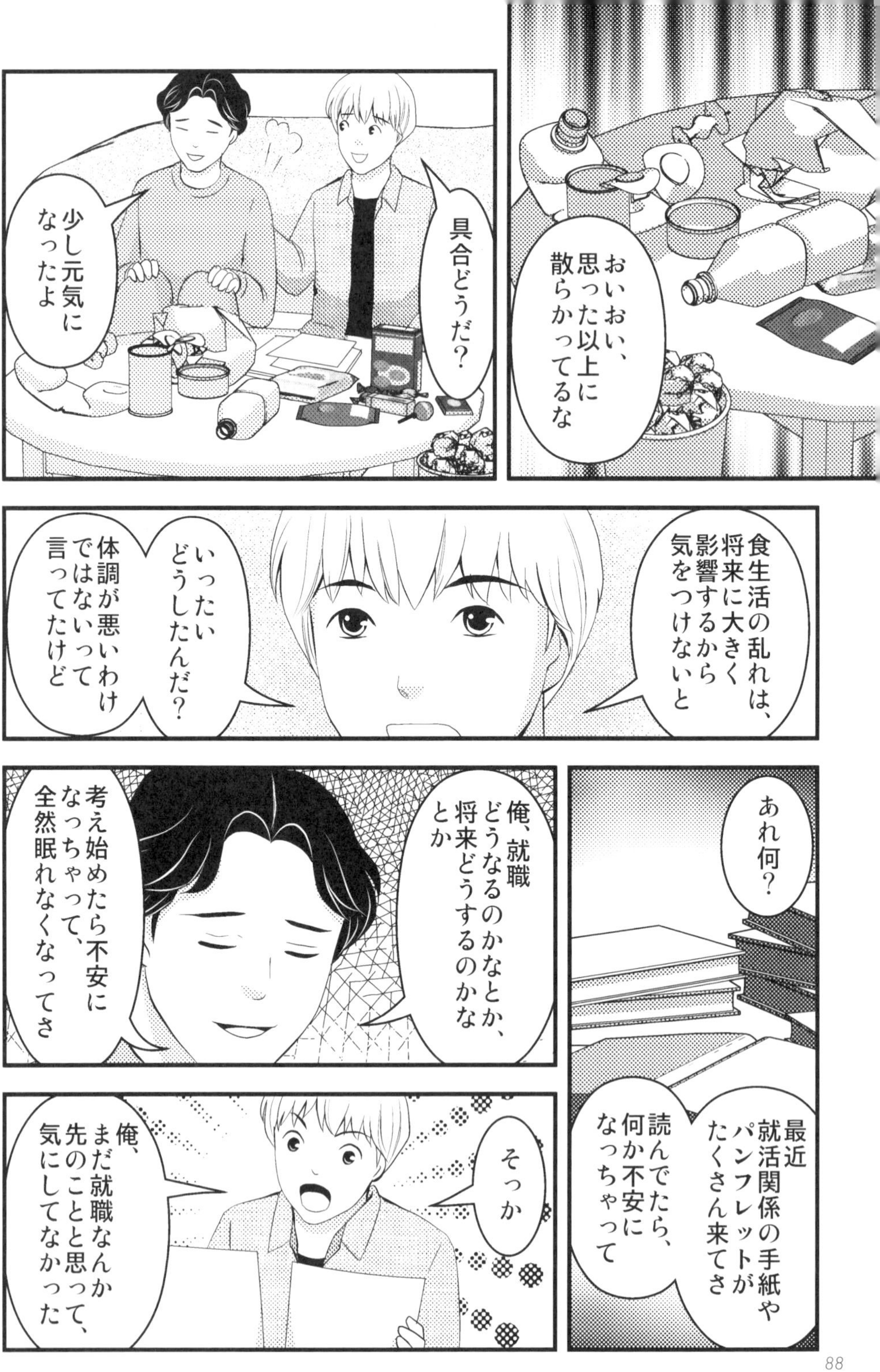
おいおい、思った以上に散らかってるな
具合どうだ？
少し元気になったよ
食生活の乱れは、将来に大きく影響するから気をつけないと
いったいどうしたんだ？
体調が悪いわけではないって言ってたけど
あれ何？
最近就活関係の手紙やパンフレットがたくさん来てさ
読んでたら、何か不安になっちゃって
俺、就職どうなるのかなとか、将来どうするのかなとか
考え始めたら不安になっちゃって、全然眠れなくなってさ
そっか
俺、まだ就職なんか先のことと思って、気にしてなかった

パンフレットとか読むと、今の時期が大切とか、周りのみんなはもう始めているとか、セミナーや講座の案内やら、いろいろ書いてあって何かすごい取り残された気分になってさ
クラスでは、まだそんな焦った感じ、ないけどな
うん
春人からたくさんのメッセージもらって、読んでるうちにちょっと気が楽になった
就活特集
まだ就活のことなんか全然気にしてないやつもいるんだなって
就職情報
おいおい
う〜ん
それってほめてるの？
それともバカにしているの？
まあ、両方かな
アハハハ……

○○くん、サッカーの試合中にケガしたらしいよ
あれ!!
えっ、○○くん、ケガなんか全然しそうもない人なのに
普通の人だったら骨折なのに、ヒビで済んだって
病院とか行くと、お金もかかるんだろうね
ケガとか病気とか、いつなるか分からないし、
お金もどれだけかかるか想像もつかないし
考えると心配ね
うん

キョロ
キョロ…
あっ、優奈ちゃんたちだ
ここ、いいかな？
あっ、春人くん瑛太くんも
瑛太くん、もう大丈夫？
瑛太くん、体、壊してたの？
体調が悪いっていうより
就活のこと考えて不安になっちゃって、家から出る気になれなかったんだけど

明るすぎる春人のおかげで抜け出せたよ
そうなんだ。もう、大丈夫？
何とか
瑛太くんは抜け出せたようだけど
結構そのままひきこもったり、心の病がひどくなっちゃう人もいるみたいよ
そうそう、気をつけないとね
何か心配事あったら、私たちに気軽に相談してね
一人で抱え込んじゃうとしんどいよ
大麻、覚醒剤、危険ドラッグに注意

ピコン
< 泰地
ご無沙汰！ 元気か？
おっ泰地！
（高校時代の友人）
久しぶり！
こっちは元気だ。
どうしてる？
もちろん、相変わらずさ。
元気いっぱい
そっちでは、ドラッグや大麻、
問題になってない？
うん、何のこと？
この前、うちの大学で、海外旅行帰りに
大麻を持ち込もうとした学生がいて、
結構騒ぎになったんだよ
そうなんだ
あれって大学でもあることなんだ
大麻、覚醒剤、
危険ドラッグに注意

26 病気・ケガ
――スポーツの事故やメンタルヘルスにも要注意！

消化器・呼吸器系疾患が入院の半数以上を占める

大学生になると、行動範囲が広がり、思わぬところでケガをしたり、不慣れな土地で一人暮らしを始め、心配してくれる親もいない状況で病気になることもあるかもしれません。

日本コープ共済生活協同組合連合会の大学生の病気・ケガ・事故の年次報告2021では、新型コロナウイルス感染症と精神疾患を除く病気による入院の共済金支払件数は8143件でした。そのうち食道や胃、腸などの消化器系の疾患と気管支や肺などの呼吸器系の疾患で約53％と半分以上を占めています。平均入院日数は8・5日でした。

新型コロナウイルス感染症では「入院・自宅療養など」「通院」「父母・扶養者の死亡に関する保障」への支払件数は7728件でした。

メンタルヘルスで病院にかかる学生が増加傾向

精神疾患による入院の支払件数は409件で、平均入院日数が46・5日と長期間になっています。長期入院になると大学生活に大きな影響を及ぼすことに注意が必要です。

支払いのあった精神疾患としては統合失調症、うつ病、双極性障害、摂食障害などがあります。

精神疾患の診療を受けた際に共済金が支払われるこころの早期対応保障の利用数は、前年の1416件から2193件に増えています。精神疾患は重症化すると入院が長引きやすいため、早めの受診が大切です。

救急車を呼ぶか迷う場合は専門の相談窓口へ

一方、コロナ禍で外出制限を求められたこともあり、ケガによる入院の支払件数は減少傾向にあります。スポーツ事故が1259件、交通事故が352件で、交通事故のうち自

（図表 26）学年ごとの事故種別による入院の給付金支払件数

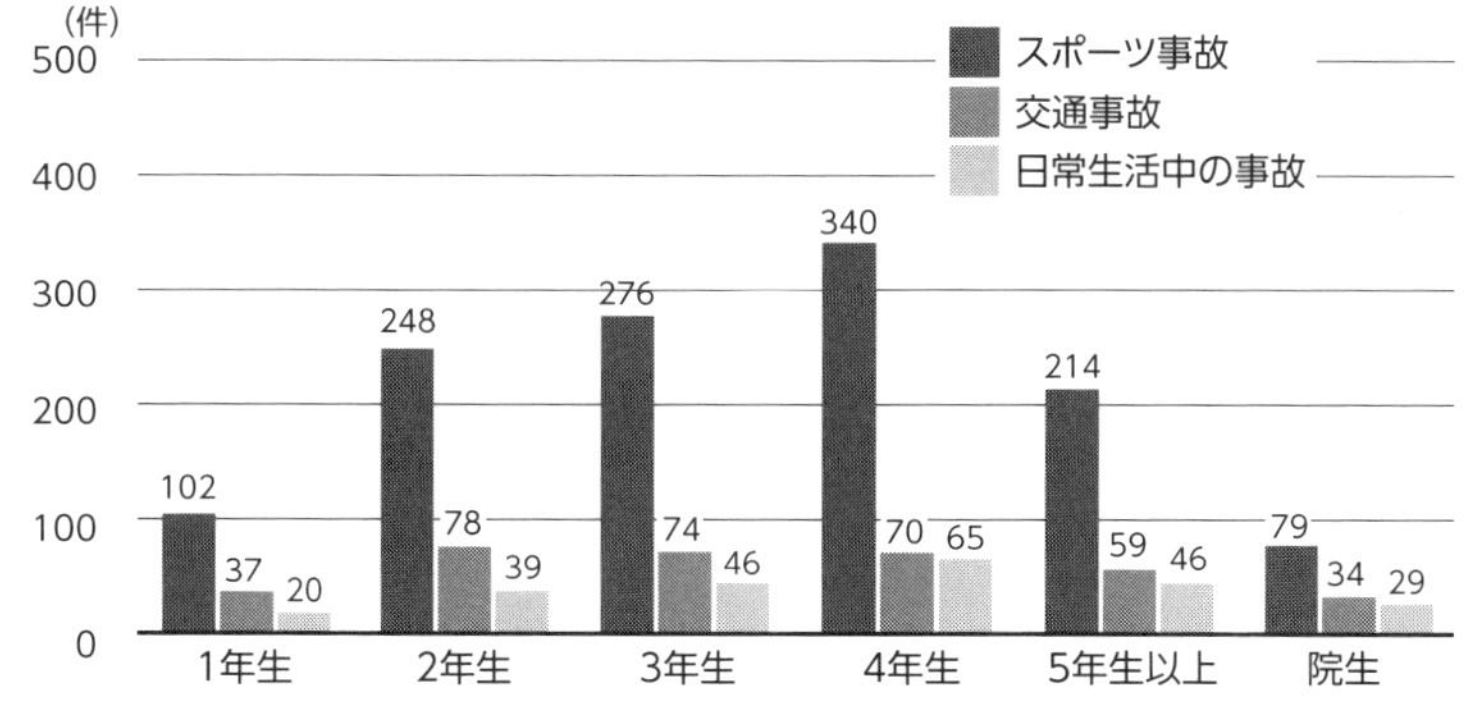

出典：日本コープ共済生活協同組合連合会『大学生協の保障制度からみた大学生の病気・ケガ・事故　年次報告2021』

転車運転中が１４６件と最も多くなっています。学年ごとに見ると、学年が上がるにつれてスポーツ事故が増加傾向にあるので注意が必要です。

心配や不安なことがあれば、大学の保健管理センターなどに、気軽に相談しましょう。最寄りの病院や、休日夜間対応のある救急病院などを事前に確認しておくことも大切です。

症状が重く、自分一人ではどうしようもないときは１１９番に連絡して救急車を呼びましょう。救急車を呼ぶか迷う場合は、救急安心センター「＃７１１９」に電話してみましょう。基本的に24時間年中無休で、医師や看護師、相談員が次の問い合わせなどに対応してくれます。

●こんな症状で救急車を呼んでいいの？

●具合が悪いけど、すぐに病院に行った方がいいの？

＃７１１９は、現時点ではまだ限られた地域にしか展開されておらず、24時間対応でないところもあります。自分が住む地域で利用できるかやほかの救急電話相談なども事前に確認しておくとよいでしょう。

危険を防ぐポイント

1. 家の近くの病院、救急病院、救急電話相談などを調べておこう
2. 大学の保健管理センター、相談窓口などを活用しよう
3. 万が一に備えて、学生総合共済などに加入することも考えよう

27 インフルエンザ・麻疹《はしか》
——日々のちょっとした習慣で感染は防げる

インフルエンザも麻疹も風邪に似た症状から始まる

新型コロナウイルスの世界的流行により、大学生活はとても大きな影響を受けました。卒業式や入学式が取りやめられ、講義がオンラインになってキャンパスに通えない日々が続き、以前とはまったく異なる大学生活となりました。

みなさんも、高校生活などで同じような状況を体験してきたことでしょう。今後も同様のことがいつ起きるか分かりません。

麻疹やインフルエンザもウイルスによって引き起こされ、人から人にうつって広く流行する病気です。咳《せき》や鼻水、発熱といった風邪に似た症状から始まります。麻疹はその後、高熱とともに発疹《ほっしん》が生じ、インフルエンザでは高熱とのどの痛み、頭痛、関節痛、筋肉痛などの全身の症状が突然表れます。

普段から感染症予防を心がけた習慣を身につける

別の病気を併発して重症化する場合もあります。

麻疹は肺炎や中耳炎を併発しやすく、脳炎を発症する可能性もあるとされています。インフルエンザでは、子どもではまれに急性脳症を、高齢者や免疫力の低下している人では肺炎を併発して重症に至ることもあります。

妊娠中に麻疹にかかると流産や早産を起こす可能性がありますし、インフルエンザにかかると重症化する場合があるとされています。

まず、日常生活の中で感染症の予防を心がけましょう。外から帰ったら石鹸で手をしっかり洗い、うがいをきちんとしましょう。

睡眠不足や心身に過度な負担を強いる生活は体の抵抗力を弱め、病気にかかりやすくなってしまうので注意が必要です。

感染した場合でもほかの人にうつさないように行動する

インフルエンザはワクチンを接種できます。大学の保健管理センターや近くの病院などに問い合わせてみましょう。

感染症の流行時はマスクを着用し、人ごみを避けるなど、感染者との接触の可能性が低くなるように行動しましょう。

もし感染してしまったら、重症化しないように注意し、他の人にうつさないようにすることが重要です。

感染が疑われる場合も、授業を休み、外出を避けるなどして、感染拡大防止を心がけるようにしましょう。

感染症の流行は、海外でも問題になります。海外旅行や留学時には、渡航先の感染症の発生状況や注意事項を確認し、事前にワクチン接種を受け、帰国時に検疫を受けるなどの対応を怠らないようにしましょう。

（図表27）新型コロナウイルス感染症の予防・対策はインフルエンザなどにも有効

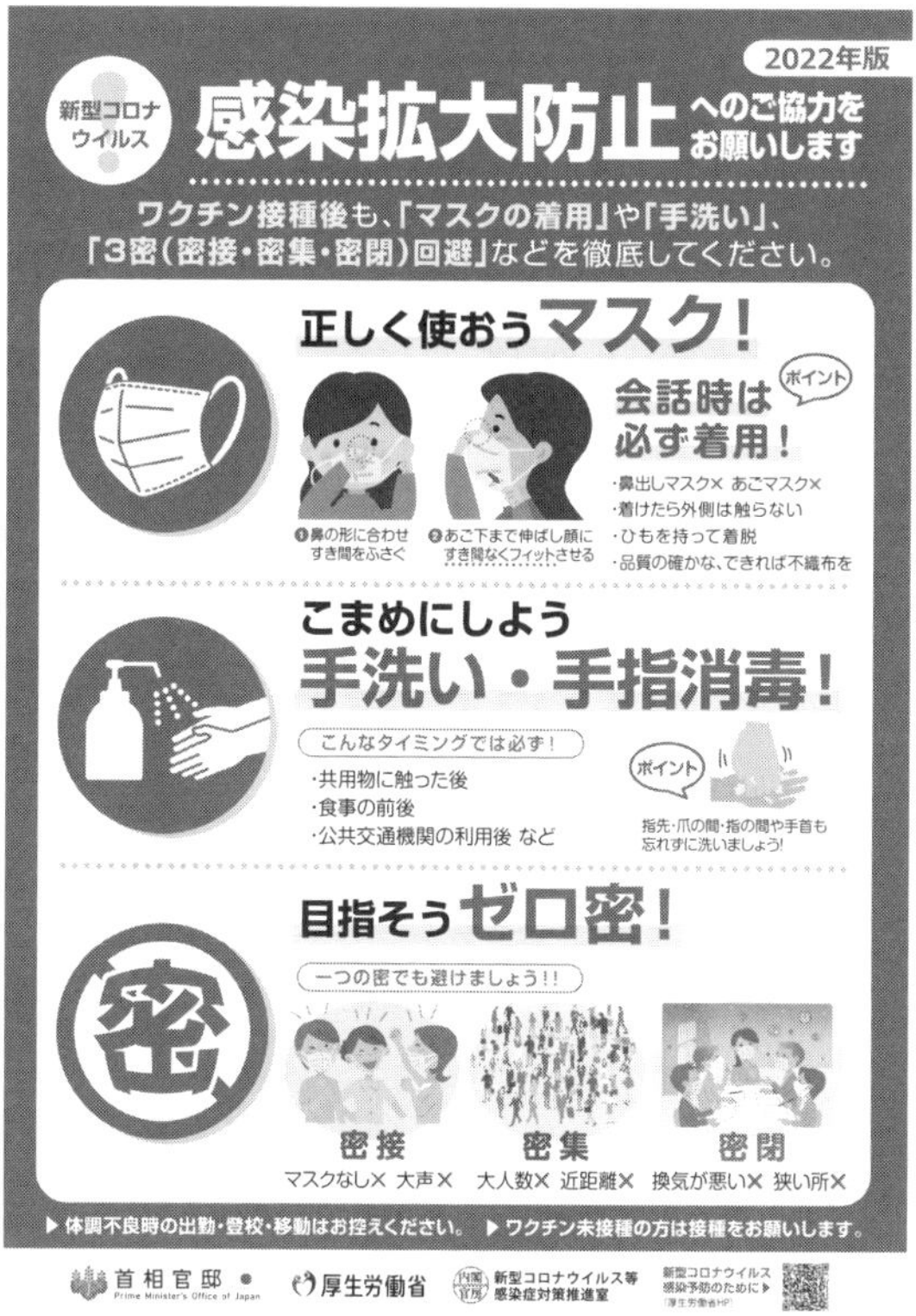

出典：首相官邸HP「新型コロナウイルス感染症対策」

危険を防ぐポイント

1. 帰宅時は手洗いとうがいを面倒くさがらずにやろう
2. インフルエンザ流行時は、不特定多数の人が集まる場所へはなるべく行かない
3. 感染したら不要不急の外出はせず、他人にうつさないように心がける

28 食生活の乱れ

——充実した大学生活は〝食〟が支える

大学時代の食生活の乱れが将来に悪影響を及ぼすことも

大学生の中には、ぎりぎりまで寝ていたいからと朝ごはんを抜いたり、つい自分の好きなものばかりを食べたり、ほかのことに使いたいからと食費を削ったりする人もいるかもしれません。

食生活の乱れは、集中力の低下や疲れやすさにつながり、大学生活に支障をきたす場合があります。すぐに問題にならなくても、将来の健康に悪影響を及ぼすこともあります。

免疫力が低下したり、骨が弱くなったり、貧血気味になったり、不健全な食生活が10年後、20年後に肥満や高血圧、糖尿病などの生活習慣病につながることもあるのです。

栄養の偏りと食中毒に注意

栄養の偏りをなくすために、手軽なカット野菜や缶詰などもうまく利用して自炊したり、大学の生協食堂で栄養バランスを考えてメニューを選んだりしましょう。以下のサイトも参考にしてみてください。

◎学食どっとコープ

https://gakushoku.coop/

（図表28-1）1日の各食事の摂取率

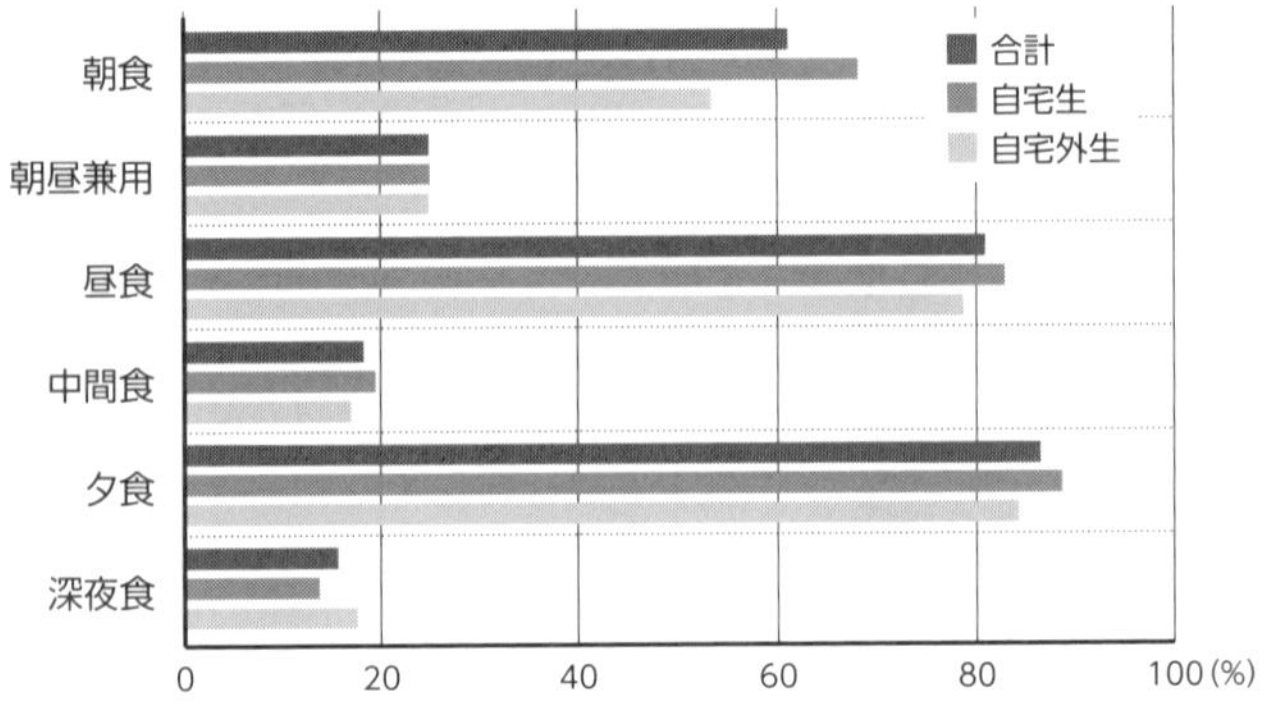

出典：全国大学生活協同組合連合会『CAMPUS LIFE DATA 2021』

（図表 28-2）食中毒予防の3原則

出典：厚生労働省 HP「1. 家庭での食中毒予防」

◎**自炊のすすめ**
https://www.univcoop.or.jp/parents/cooking/

食中毒の予防にも十分注意してください。気温や湿度の高い夏だけでなく、冬の発生が最も多いノロウイルスによる食中毒では、下痢や腹痛、体のだるさなどを伴い、数日間は安静を余儀なくされます。

大学の保健管理センターなどでも食中毒に関する注意事項をアナウンスしていると思いますので、確認してみましょう。

こころの病気と関係しているかもしれない

拒食症や過食症などの摂食障害の問題もよく話題になります。少しくらいの過食や拒食は誰しも経験のあるものですが、こころの問題やストレスでこれらの症状がひどくなって放っておくと、体が衰弱して死に至るような危険もあります。

自分だけでなく、友だちに食事をほとんどしない人や極端に食べてしまう人がいたら、大学の保健管理センターに相談することを勧めてみましょう。

危険を防ぐポイント

1. いろいろな食べ物を組み合わせ、バランスのよい食事を1日3回とろう
2. キッチンでは手洗いや清掃を心がけ、食品にはしっかり火を通そう
3. 周りに病的な過食や拒食をする人がいたら、理解とサポートを

29 キャンパス・ハラスメント
――セクハラ・パワハラ・アカハラには声を上げよう

大学で起こりやすい3大ハラスメント

大学生活ではサークルやアルバイトなどを通じて多様な年齢・性別の人と接する機会も多くなります。相手を不快または不安な状態に追い込むような性的な質問や言動、嫌がらせをすることを「セクシャル・ハラスメント」（セクハラ）といいます。

また、先輩、後輩といった上下関係を利用して嫌がらせをすることを「パワー・ハラスメント」（パワハラ）と呼びます。

さらに、ゼミや研究室に所属すると、特定の教員や学生で日々の研究やゼミ合宿などを行い、卒業論文などの指導を受けます。このような中で教員が学生に対して、その地位や人間関係を利用して行う嫌がらせが「アカデミック・ハラスメント」（アカハラ）です。

大学生活の中で行われるこうしたハラスメント行為を「キャンパス・ハラスメント」と総称します。

何気ない言動が相手に不快感を与えていることも

友人・知人との何気ない会話でもセクハラが起きる可能性があります。「彼女、いる?」「もっと女らしい服を着たほうがいいよ」「男のくせに」「女なんだから」……こうした言葉もセクハラになり得ます。

セクハラというと男性から女性に対するものと思われるかもしれませんが、女性から男性に対してや、同性に対するものもあります。女性からのボディータッチや男性どうしで身体的なことをからかった場合もセクハラになることがあります。

気がつかないところで自分が加害者になっているかもしれません。

生物学的な男女の区別だけでなく、社会的・文化的に生じる性別（ジェンダー）や、本人の性自認があることも知っておきましょう。

冗談や親しみを込めた表現のつもりでも、セクハラになることがあります。SNS上でのちょっとした言葉が相手を傷つけたり、不快感を与えることもあります。相手が何を不快に思うかを考え、常に自分を省みるよう心がけましょう。

ハラスメントの相談は大学の専用窓口へ

自分が被害者のときだけでなく、友人が嫌がらせを受けていると思われるときは、加害者に注意したり、被害者の相談に乗ったりしてあげましょう。

大学では、キャンパス・ハラスメントを防止するためにさまざまな活動を展開し、学生や教員、職員への周知、啓発活動を推進しています。自分の大学のホームページを確認すると、いろいろな情報や相談窓口などが紹介されているものです。

相談窓口に足を運ぶことを躊躇《ちゅうちょ》する学生もいるかもしれません。一人で抱え込んで泣き寝入りし退学してしまうケースもあります。そんな友人に気づいたら、相談窓口に一緒に行ってあげることも考えましょう。相談窓口は、被害者に代わって第三者からの相談も受け付けています。

（図表29）ハラスメントの例と対応について

教員から学生へのハラスメント行為の例

- 特定の学生に研究指導をしない
- 研究内容や専攻の変更を一方的に強要する
- 理由なく論文を受領しない
- 進学、就職などに必要な書類（推薦状など）を作成しない
- 男性教員が実験室で指導中に女子学生を抱きしめる
- 教員が教え子に好意をほのめかすメールや手紙を数十通送る

ハラスメントを受けた場合の対応方法

- 些細な不快感であっても相手に伝える
- 不安を感じたら相手と二人きりになるような状況を避ける
- 信頼できる人や、大学または行政の相談窓口に相談する

危険を防ぐポイント

1. ハラスメント行為で相手のことを傷つけていないか、自らを省みるようにしよう
2. 被害に遭ったら一人で抱え込まず、友人や大学の相談窓口などに相談しよう
3. 友人が被害に遭っていたら相談に乗ってあげよう

30

こころの不調

——つらい気持ちを抱え込む前に

孤独感のある人は メンタルヘルスにも不安を持つ

新型コロナウイルス感染症の流行の波が収束したり拡大したりする状況が繰り返される中、みなさんの先輩はこれまでの大学生活でいろいろな思いを感じています。[1,2]

《学生アンケートの回答》

・ほとんどの授業がオンラインから急に対面になったため、心が追いついていない（2年・自宅外）

・周りの大学生のイメージと現実がかけ離れている。大学生は暇だからバイトしろと脅してくる。心身ともに潰れました。病んでいます（1年・自宅）

・縦のつながりも横のつながりもなく、大学で困ったことがあってもどこに相談していいか分からないことが多々あり、困っています（2年・自宅）

孤独感があるか、メンタルヘルスについて不安があるかと尋ねたアンケートの集計結果は図表30-1の通りです。三人に二人は、不安もなく孤独感もほとんど感じていないという回答ですが、孤独感を「しばしば感じる」という人の中では、9割近くが「やや不安」あるいは「かなり不安」を感じていると答えています。

対面授業の開始により 充実感を得る学生も

大学生活には、不安だけでなく大きな期待も感じていることでしょう。

みなさんには、コロナ禍をくぐり抜けた新しい大学生活が待っています。以前の姿を取り戻しつつある大学や新しい姿を目指しつつある大学などさまざまです。

大学に入って充実感を得ている先輩もいます。[2]

《学生アンケートの回答》

1　大学生協の『届けよう! コロナ禍の大学生活アンケート報告（2022年7月実施）』
2　大学生協のアンケート調査『CAMPUS LIFE DATA 2021』

（図表 30-1） 孤独感とメンタルヘルスの集計結果

孤独感とメンタルヘルス（クロス集計）		孤独感				
		ほとんど感じない	あまり感じない	ときどき感じる	しばしば感じる	総計
メンタルヘルス	不安はない	67.1%	19.4%	7.4%	3.8%	26.2%
	あまり不安はない	24.2%	58.3%	34.6%	8.7%	37.1%
	やや不安	7.4%	19.9%	50.1%	40.0%	28.3%
	かなり不安	1.3%	2.5%	7.9%	47.5%	8.4%
総計		100.0%	100.0%	100.0%	100.0%	100.0%

出典：大学生協『届けよう! コロナ禍の大学生活アンケート報告（2022年7月実施）』

・自分が興味を持ったことについて、自主的に調べることや事例について考えることが多く、深く学べて有意義に過ごしています（2年・自宅）

・県外の自宅でリモート授業を受けていた1年間は、情報もまったくなく、いつ引っ越しができるのか不安でいっぱいでした。大学のキャンパスで対面授業を受けたときは感動しました（2年・自宅外）

・対面になり、友人と呼べる人ができた。彼ら彼女らと気軽に遊びに行くことができるようになったことで学校生活が充実しているのを感じる（2年・自宅外）

大学生が亡くなる原因の6割以上が自殺

とはいえ、現代はストレス社会で、大学生にとってもこころの健康づくりは身近でかつ重要な問題になっています。

入学当初は、想像していた学生生活と異なる状況に遭遇してそのギャップに悩んだり、高校生時代とは異なる友人関係や先輩などとのつながりに戸惑いを感じたりして、新しい環境にうまく適応できずにストレスを感じることもあるでしょう。

2、3年生になると、今後の就職活動を控えての不安を感じたり、留年や休学を経験して落ち込んだりすることもあるかもしれません。

あるいは4年生になると、就職活動がうまくいかずに自信をなくし、焦燥感や初めて経験する挫折感にさいなまれ、そうしたストレスが不眠などの身体症状として表れたりするかもしれません。

こころの不調が及ぼす影響が日常生活にとどまらず、より深刻な状況に陥るケースもあります。

大学生が死亡した原因の60％以上が自殺で、病気や交通事故での死亡よりはるかに多いというデータもあり[3]、大学生におけるメンタルヘルス問題の深刻さが浮き彫りになっています。

こころの病気は早期に治療し重症化・慢性化を防ごう

こころの不調からくる病気を予防するためには、ストレスについての基礎知識を持ち、普段の生活で自分なりにストレスを解消する方法を考えておくことが大切です。

こころの病気は誰でもかかる可能性があり、治療が必要な「病気」であることを理解しましょう。

こころの病気にはうつ病、統合失調症、パニック障害、強迫性障害、アルコール依存症、薬物依存症などいろいろな種類があり、人によってもさまざまな症状が見られます。こころの不調が続いたり、日常生活に影響が出ているようなら、医師に相談しましょう。

医療機関を受診したり相談したりすることは決して恥ずかしいことではありません。

こころの病気を専門にする診療科としては精神科、精神神経科、心療内科などがあります。

どの病院にかかればよいか迷ったときや、いきなり病院にかかるのが不安なときは、まずは各自治体の精神保健福祉センターや保健所、大学の保健管理センターや学生相談室などに悩みを相談してみるといいでしょう。

当人がこころの不調に気づいていない場合も

こころの病気は早めに治療するほど、重症化や慢性化を防ぐことができるので、早めの対応を心がけましょう。

インターネットや本などでうつ病かどうかを簡単にチェックできるリストなどが紹介されていますが、素人が自己診断することは正しい診療を受ける機会を遅らせてしまう恐れがあるので注意するようにしてください。

こころの不調は、本人が気づかなかったり、不調に気づいていたとしてもこころの病気だと思っていなかったりする場合もあります。日常生活に影響が出ている場合など、周

3　日本コープ共済生活協同組合連合会『大学生協の保障制度からみた大学生の病気・ケガ・事故　年次報告2021』

（図表 30-2）こころの病気の初期サイン

【自分で気がつくこころの不調】 気になる症状が続くときは、専門機関に相談しましょう	
□気分が沈む、憂うつ	□周りに誰もいないのに、人の声が聞こえてくる
□何をするのにも元気が出ない	□誰かが自分の悪口を言っている
□イライラする、怒りっぽい	□何も食べたくない、食事がおいしくない
□理由もないのに、不安な気持ちになる	□なかなか寝つけない、熟睡できない
□気持ちが落ち着かない	□夜中に何度も目が覚める
□胸がどきどきする、息苦しい	
□何度も確かめないと気がすまない	

【周囲の人が気づきやすい変化】 以前と異なる状態が続く場合は、体調などについて聴いてみましょう	
□服装が乱れてきた	□独り言が増えた
□急にやせた、太った	□他人の視線を気にするようになった
□感情の変化が激しくなった	□遅刻や休みが増えた
□表情が暗くなった	□ぼんやりしていることが多い
□一人になりたがる	□ミスや物忘れが多い
□不満、トラブルが増えた	□体に不自然な傷がある

出典：厚生労働省 HP「知ることからはじめよう みんなのメンタルヘルス総合サイト」

囲に心配な人がいたら、声をかけて話を聴いてあげましょう。

また、自分だけで解決しようとせず、専門の医師などに相談することを勧めるとよいでしょう。

危険を防ぐポイント

1. ストレスについて知り、普段から自分のストレス解消法を工夫しよう
2. こころの不調が続いたり、こころの病気かなと思ったら、早めに医師や専門家に相談しよう
3. うつ病は誰でもかかる可能性があること、治すことのできる病気であることを理解しよう

31 ひきこもり

――就活がきっかけのひきこもりが増えている

若年層のひきこもりは全国で54・1万人と推計

「ひきこもり」は、今や年齢を問わず取り上げられ、小中高生では不登校の問題とも深く関わっています。また、大人になっても自立できない人が増加していることから、８０５０問題（80代になった親が50代のひきこもりの子どもの面倒を見なければならない）として社会問題にもなっています。

「ひきこもり」になっている若者や子どもの人数は、内閣府の調査[1]では54・1万人と推計されています。

この調査では、ひきこもるようになったきっかけは「不登校」「職場になじめなかった」が最も多く、以下、「就職活動がうまくいかなかった」「人間関係がうまくいかなかった」「病気」「受験に失敗した（高校・大学）」「大学になじめなかった」などと報告されています。

これは、「普段は家にいるが、近所のコンビニなどには出かける」「自室からは出るが、家からは出ない」「自室からほとんど出ない」という「狭義のひきこもり」（17・6万人）と、「普段は家にいるが、自分の趣味に関する用事のときだけ外出する」という「準ひきこもり」（36・5万人）を合計した人数（広義のひきこもり）です。

この数字はコロナ禍になる前の数値で、オンライン授業の浸透などにより、大学生のひきこもりは定義しにくくなり、さらに人数が増えている可能性もあります。

大学生を含む年代でひきこもりになる人が多い

大学生のみなさんが大きな関心を持ち、また不安でもあるのが「就職活動」でしょう。この調査からも分かる通り、就職活動がうまくいかなかったり、イザ就職しても職場になじめなかったりして「ひきこもり」

1　内閣府「若者の生活に関する調査報告書　平成28年9月 内閣府政策統括官（共生社会政策担当）」

（図表 31）ひきこもりの状態になった年齢

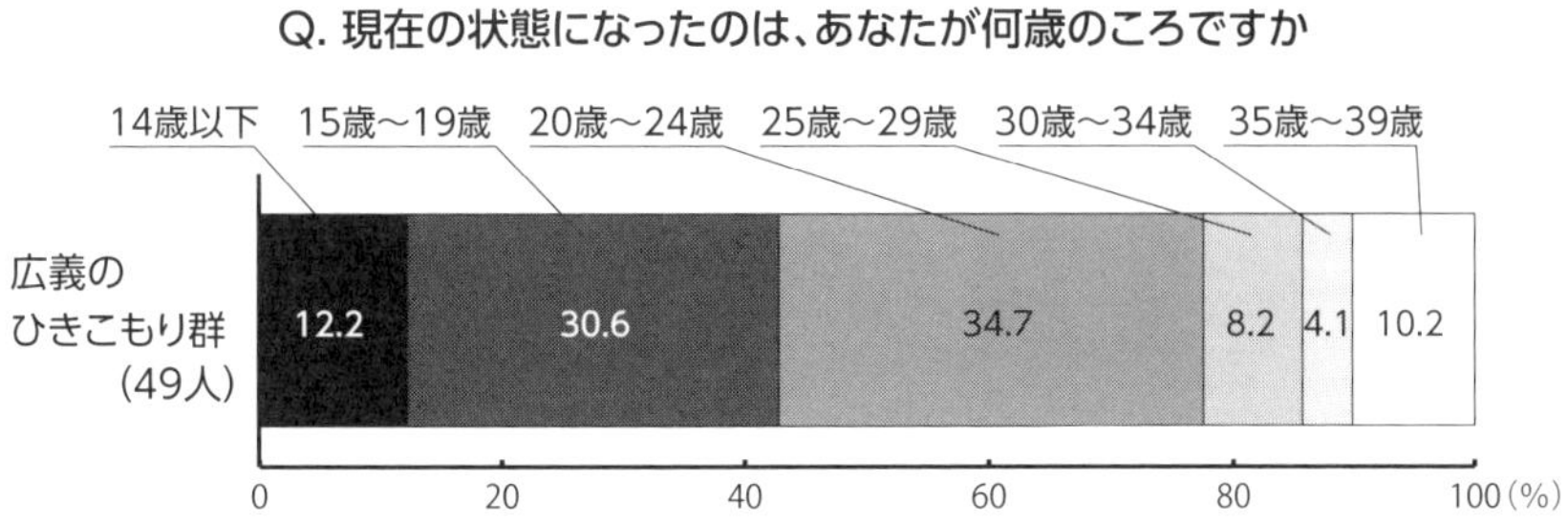

出典：内閣府「若者の生活に関する調査報告書　平成28年9月 内閣府政策統括官（共生社会政策担当）」

になる人は少なくありません。

就職できるかという不安もさることながら、仕事を続けていけるかという不安や「就活の失敗は許されない」「一度会社を辞めたらやり直しがきかない」というプレッシャーを感じている人が多いようです。

ひきこもりの状態になった年齢は、図表31に示すように15～19歳が30・6％、20～24歳が34・7％となっています。大学生を含む年代がその多くを占めていることが分かります。

悩みを抱え込まずに専門機関へ相談を

ひきこもりになった人やその家族は、社会から孤立し、安心して過ごせる場所や自分の役割を感じられる機会が少なく、非常につらい状態にあることでしょう。

もし、「ひきこもり」の状態になってしまったら、その悩みを抱え込まず、都道府県や政令指定都市に設置された「ひきこもり地域支援センター」などに相談してみましょう。また、ひきこもりの当事者の集いや家族会、ひきこもりの解決を支援するNPOなどが活動していますので、その力を借りてみるのもよいでしょう。

危険を防ぐポイント

1. あまり過度なプレッシャーを自分にかけないように心がけよう
2. 「ひきこもり」の状態から抜け出したいと思ったら、専門家に相談しよう

32 自殺

——一日一人以上の大学生が命を絶っている原因

学生の死亡原因で最も多いのが自殺

２０２１年の大学生の自殺者数は４３４人でした。コロナ禍以降、その数は上昇傾向にあり、一日に一人以上の大学生が自らの命を絶っていることになります（図表32－１）。

若者の自殺は、日本では深刻な問題です。大学生を含む10～29歳の死因第１位は「自殺」で、第２位以下を大きく引き離しています。先進国（Ｇ７）の中で若年層の死因第１位が「自殺」なのは日本だけです。

日本コープ共済生活協同組合連合会のデータでも[1]、学生の死亡原因第１位は自殺で、第２位以下を大きく引き離しています。

２０１９年度以前は死亡原因の40％台で推移していましたが、20年度は60％、21年度では66・９％まで増加しています。学年別に生命共済の支払件数を見ると、就職や進学などの人生の転機を迎える４年生が一番多くなっています（図表32－２）。

自殺には、進路や将来への悩み、学業不振、就職の失敗、健康上の問題、交際や友人関係の問題など複数の要因がからみ、学生が一人で悩みを抱え込むケースが多いのです。近年ではＳＮＳ上での陰湿ないじめや、い

（図表 32-1）大学生の 1 年間の自殺者数の推移

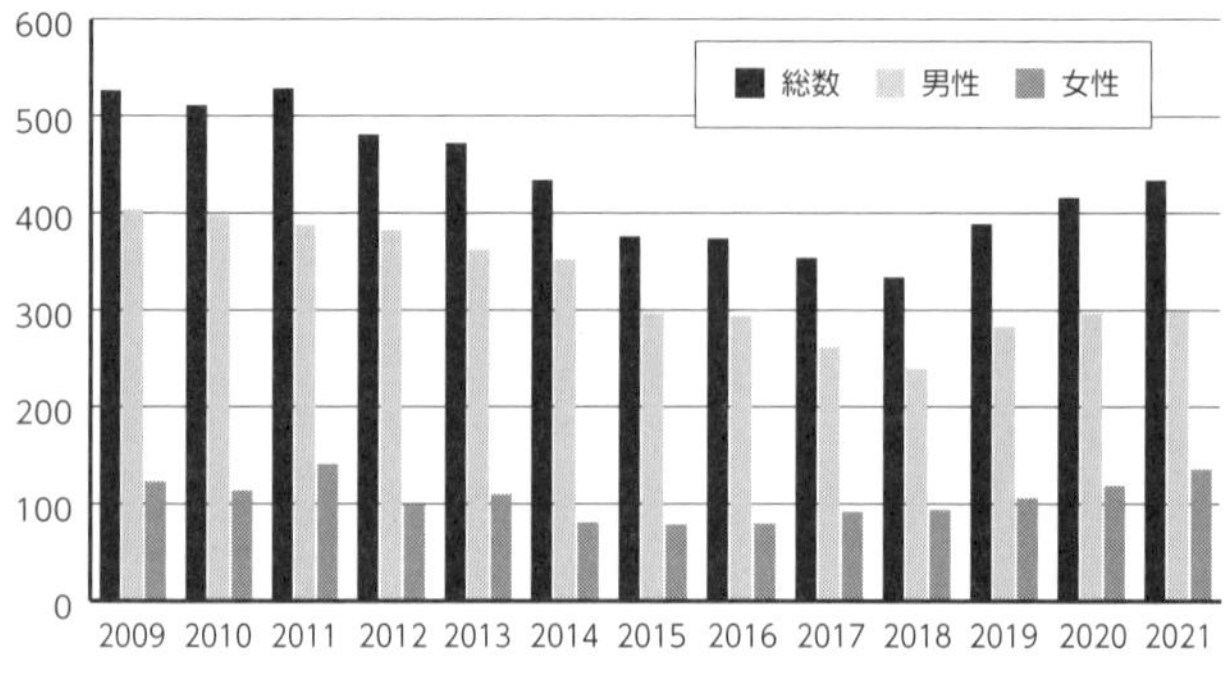

出典：厚生労働省「令和4年版自殺対策白書」を元に作成

1　日本コープ共済生活協同組合連合会『大学生協の保障制度からみた大学生の病気・ケガ・事故 年次報告2021』（https://kyosai.univcoop.or.jp/group/pdf/pamph_sick2021.pdf）

わゆる「デジタル・タトゥー」などを要因とするケースも見られます。

深刻な悩みを相談できる窓口がいくつもある

もし、「死にたい」と思うことがあれば、「あなたは一人ではない」ということ、あなたが死ぬと深く悲しむ人がいることを思い出し、家族や友人などに話を聴いてもらいましょう。

（図表 32-2）学年別の死亡原因内訳件数

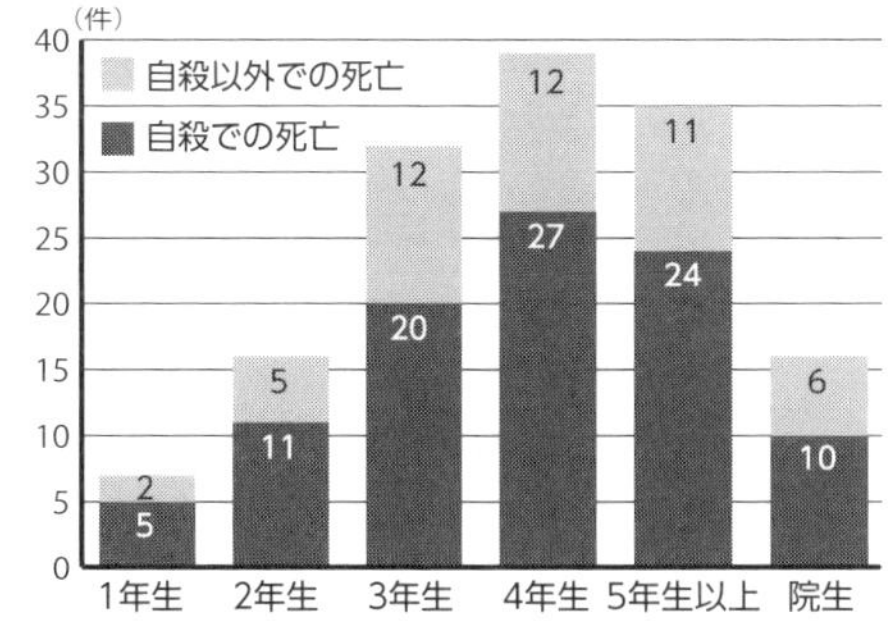

出典：日本コープ共済生活協同組合連合会『大学生協の保障制度からみた大学生の病気・ケガ・事故 年次報告2021』

大学や日本コープ共済生活協同組合連合会には、お金、健康、進学、就職、いじめなど、みなさんが抱えるいろいろな悩みを聴き、解決に導く相談窓口や無料相談が用意されています。これらを利用することで状況がよくなるかもしれません。相談できずにいると、うつ病などに進展し、ますます悪循環に陥ることがあるため、早めに医師に相談しましょう。

自殺する学生の周りには、大きな衝撃を受ける家族、友人たちがいることも忘れてはいけません。彼らへの迅速なケアもとても大切なことになります。もし、周囲に悩みを抱えて苦しんでいる人がいたら、医師や相談窓口を通じて専門家が手を差し伸べてくれることを伝えてみてください。そして、友人として寄り添い、見守ってあげてください。

厚生労働省では、①ＳＮＳ相談（ＬＩＮＥ・チャットなどで相談可能）、②電話相談：こころの健康相談統一ダイヤル０５７０－０６４－５５６、③電話相談窓口の紹介なども行っているので参考にしてください（１１４ページ参照）。

危険を防ぐポイント

1. 自分が死んだら、深く悲しむ人が必ずいることを認識しよう
2. こころの病気のサインに気づいたら、早めに医師に相談しよう
3. 深刻な悩みがあれば、相談窓口や専門家に相談しよう

33

妊娠・性のトラブル
——相手を思いやれる人であるために

話したり聞きづらいことこそ正しい知識を持とう

大学生になり、出会いが増える中で恋人ができる人もいるでしょう。性に関することはなかなか話したり聞いたりしにくいかもしれませんが、正しい知識を持ち、相手や自分のことをしっかり考えて関係を築いていくことが欠かせません。

性行為後は必ず妊娠の可能性があり、絶対に妊娠しない日はありません。ただし、避妊具を正しく用いれば妊娠の確率を下げられます。体の仕組みを一緒に学び、互いを思いやる気持ちを大切にしましょう。

もし避妊に失敗したり、性被害に遭ったときは、性行為後72時間以内に緊急避妊薬を内服すれば約90％の確率で妊娠を阻止できます。

ネットで購入もできますが、粗悪品や偽物の可能性も高いので信頼できる周囲の大人に相談し、すぐに医療機関を受診しましょう。緊急避妊にかかる対面診療が可能な医療機関が公表されています[1]ので参考にしてください。

性感染症は早期発見が重要 気になる場合は早めに検査を

また、性感染症は自覚症状に乏し

（図表 33）子宮頸がんとヒトパピローマウイルス（HPV）感染症について

○ HPV 感染症～子宮頸がんとHPVワクチン～ HPV 感染症を防ぐワクチン（HPVワクチン）は、小学校6年～高校1年相当の女子を対象に、定期接種が行われています。 https://www.mhlw.go.jp/bunya/kenkou/kekkaku-kansenshou28/
○HPVワクチンの接種を逃した方へ～キャッチアップ接種のご案内～ 平成9年度生まれ～平成 17 年度生まれ（誕生日が 1997 年 4月2日～2006 年 4月1 日）の女性で、通常のHPVワクチンの定期接種を逃した方への案内です。 https://www.mhlw.go.jp/stf/seisakunitsuite/bunya/kenkou/hpv_catch-up-vaccination.html
○9価HPVワクチン（シルガード9）について シルガード9は、令和5年4月から定期接種を開始できるように準備をしています。 https://www.mhlw.go.jp/stf/seisakunitsuite/bunya/kenkou/hpv_9-valentHPVvaccine.html

1 厚生労働省「緊急避妊に係る取組について」（https://www.mhlw.go.jp/stf/seisakunitsuite/bunya/0000186912_00002.html）

2 国立感染症研究所「感染症発生動向調査週報（IDWR）2022年第42号＜注目すべき感染症＞ 梅毒」（https://www.niid.go.jp/niid/ja/syphilis-m-3/syphilis-idwrc/11612-idwrc-2242.html）

く、知らぬ間に感染が拡大してしまいます。近年は梅毒の流行が報告されており[2]、特に20代女性の感染割合が高くなっています。避妊具を正しく使用し、不特定の人と性行為をしないことで性感染症は予防できます。

ほとんどの性感染症は検査でわかり、早期に治療すれば治ります。気になることがあればすぐに泌尿器科や皮膚科、産婦人科などに相談しましょう。治療はパートナーと一緒に行うことが重要です。性感染症をパートナーに伝えるのは非常に勇気がいりますが、お互いの体のためにも早めに検査・治療を受けましょう。

特に女子学生は日ごろから体調の変化に気をつけよう

女子学生には生理痛や生理不順など、周囲に相談しにくい女性特有の悩みや体の変調が起こります。

子宮内膜症や卵巣のう腫などは10代後半から増える病気で、自覚症状がなく検査で偶然病巣が見つかり、そのまま手術に至るなど、治療が遅れると取り返しがつかなくなってしまう場合もあります。

日ごろから生理周期の記録をつけ、痛みや不調があれば早めに医師に相談して必要な治療を受けること、定期的に検査を受けることが大切です。

また、２０１３年からは子宮頸がん予防のためのヒトパピローマウイルス（ＨＰＶ）ワクチンの定期接種が開始され、自治体から予診票が届くようになっています。ＨＰＶワクチンの接種により、子宮頸がんの原因の50〜70％を占めるウイルスへの感染を予防できます。[3] ワクチンについて正しく知り、「接種する・しない」を自分自身で考え、選んでください。

不安なことがあったり、どの病院にかかればよいか迷う場合は大学の保健管理センターや、学生総合共済の加入者であれば、専門の相談員が対応する学生生活無料健康相談テレホン[4]も活用してください。

危険を防ぐポイント

1. 性に関する正しい知識を持ち、望まない妊娠や性感染症を予防しよう
2. 女性の場合は、日ごろから生理周期の記録をつけておこう
3. 痛みや不調があったら、早めに医師に相談しよう

3　厚生労働省「HPV ワクチンについて知ってください」(https://www.med.or.jp/doctor/kansen/kansen_vaccination/hpv_leaflet_syosai.pdf)

4　学生総合共済の加入者のための安心サポートで、家族も利用可能 (https://kyosai.univcoop.or.jp/support/telephone.html)

34 ドラッグ
——その興味本位が、一生を台無しにする

大麻で検挙される20歳未満が3倍以上に

若者を中心に大麻で検挙される人が増加し続けています。この4年間で20～29歳は倍増し、20歳未満は3倍以上になっています。

大麻の所持や栽培は犯罪です。大麻は体への害や依存性が低いとか、合法な国もあるからたいしたことはないなどと考えてはいけません。

大学生になると外国人と交流する機会も増え、留学する人もいるでしょう。海外で軽い気持ちで大麻に触れ、日本に持ち帰ってしまわないように注意しなければいけません。

大麻もやめにくくなる依存性がある

以前よりもネットを利用して大麻や危険ドラッグが手に入りやすくなっており、コロナ禍で巣ごもりが増えたことも相まって、大学生の間でも薬物の使用が広まっている可能性が危惧されています。

大麻を使用した場合、心身に次のような変化が生じることが指摘されています。

・時間や空間の感覚がゆがむ
・短期の記憶が妨げられる
・瞬時の反応が遅れる
・統合失調症やうつ病を発症しやすくなる

さらに、酩酊感《めいていかん》や陶酔感《とうすいかん》、幻覚をもたらし、使用を繰り返してしまうことになります。

依存症になった場合後戻りできない事態に

危険ドラッグは、「合法ハーブ」などと称し、「ハーブ」「お香」「バスソルト」「アロマ」などと用途を偽装して販売されている実態があります。覚せい剤や大麻などと同様の悪影響を及ぼす危険があり、違法な薬物です。

法律違反として逮捕された場合、

（図表 34）人口 10 万人当たりの大麻事犯検挙人員の推移

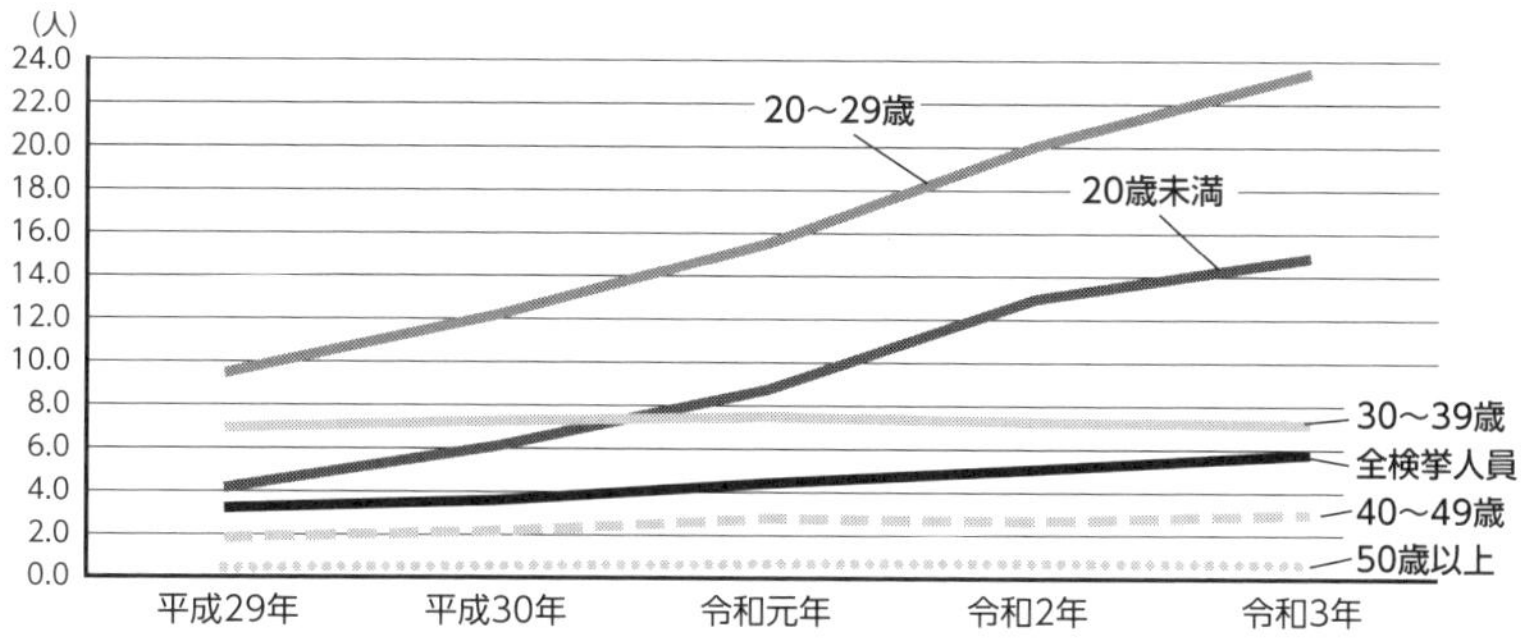

出典：警察庁HP「令和3年における組織犯罪の情勢」

社会的に大きな責任を負うとともに、家族や友人など、周囲にも多大な迷惑をかけることになります。

大麻や危険ドラッグの怖さは、心身に有害である以上に、やめようと思ってもやめられなくなる依存症を招いてしまうことです。

薬物依存症になってしまったら、家族や個人の力ではどうにもならない状態になってしまいます。専門的な治療を長期間にわたって受けながら、少しずつ回復を目指していかなければなりません。

誘われても きっぱりと断る勇気を

「就活の悩みや勉強の疲れから現実逃避したい」「やせたい」「パーティーで盛り上がりたい」などの理由で始める人がいるようですが、その代償はあまりにも大きいということを理解しなければなりません。

「眠気が取れて勉強できるよ」「みんなやってるよ」「1回だけなら平気だよ」などと先輩や友人から勧められても、きっぱり断る勇気を持つことが大切です。その先にひそんでいる大きな危険を十分に認識してください。

危険を防ぐポイント

1. **大麻や危険ドラッグは、使用することも、持つことも犯罪になる**
2. **軽い気持ちで手を出したら、身を滅ぼし、家族や周りを不幸にする**
3. **薬物は中毒性があり、社会復帰には大変な苦労と長い時間を必要とする**

●イザというときに役立つ連絡先・参考サイト ＜病気・ケガ・心身の悩み編＞

☞ 各大学の各種相談窓口、保健管理センター、心の健康相談窓口、カウンセリング窓口等
みなさんが入学された大学に、Web や対面での相談窓口が設置されています。
自分の大学のホームページで確認してください。

☞ 総務省消防庁　救急安心センター事業（＃７１１９）ってナニ？
https://www.fdma.go.jp/mission/enrichment/appropriate/appropriate007.html

☞ 厚生労働省　新型コロナウイルス感染症の予防
https://www.mhlw.go.jp/stf/seisakunitsuite/bunya/0000121431_00094.html

☞ 厚生労働省　ハラスメント悩み相談室
https://harasu-soudan.mhlw.go.jp/

☞ 厚生労働省　知ることからはじめよう　みんなのメンタルヘルス総合サイト
https://www.mhlw.go.jp/kokoro/

☞ 厚生労働省ひきこもり支援ポータルサイト
「ひきこもり VOICE STATION」
https://hikikomori-voice-station.mhlw.go.jp/

☞ 厚生労働省「ひきこもり地域支援センター」の設置状況リスト
https://www.mhlw.go.jp/content/12000000/000515493.pdf

☞ 厚生労働省　まもろうよこころ
https://www.mhlw.go.jp/mamorouyokokoro/

☞ 厚生労働省　ＳＮＳ相談
https://www.mhlw.go.jp/stf/seisakunitsuite/bunya/hukushi_kaigo/seikatsuhogo/jisatsu/soudan_sns.html

☞ 厚生労働省　こころの健康相談統一ダイヤル：0570-064-556
https://www.mhlw.go.jp/stf/seisakunitsuite/bunya/hukushi_kaigo/seikatsuhogo/jisatsu/kokoro_dial.html

☞ 厚生労働省　電話相談窓口の紹介
https://www.mhlw.go.jp/stf/seisakunitsuite/bunya/hukushi_kaigo/seikatsuhogo/jisatsu/soudan_tel.html

賃貸住宅サービス
一人暮らしはあこがれだったし、3年生にもなると、大学の研究室にいる時間が増えそうだし、サークルも頑張りたいし
大学に行きやすい物件があるといいな～
おしゃれな街で、駅チカで、おいしいカフェがあって、スーパーもコンビニも行きやすい場所にあって、部屋は高層階で、眺めのいいそれでいて安い！
いい眺め～♪
高橋優奈
大学2年生
そんなんあるか！

起こってからでは遅すぎる！

自然災害や事故…大学生が陥りやすい事態

第5章

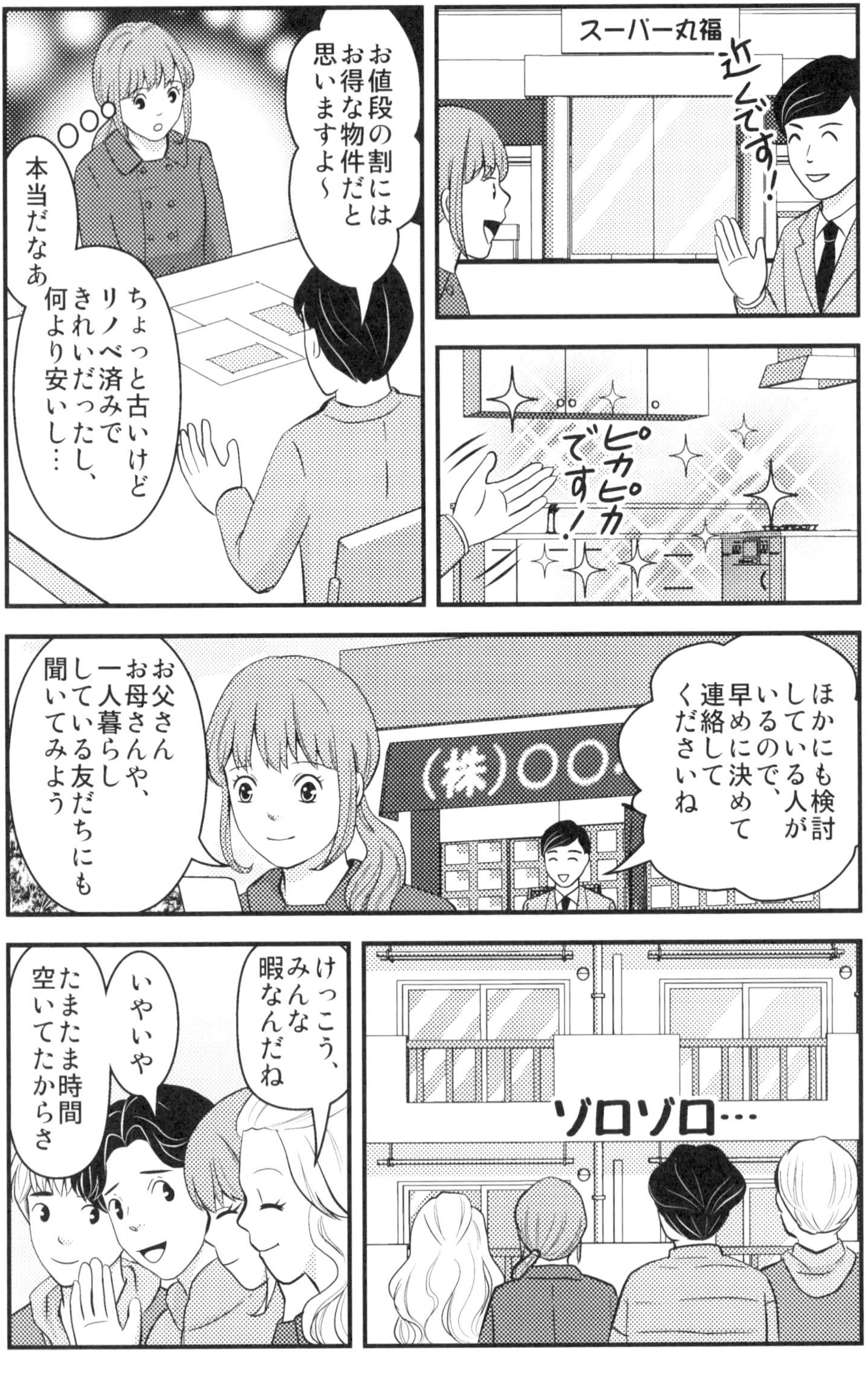
スーパー丸福
近くです!!
ピカピカです!
お値段の割にはお得な物件だと思いますよ~
本当だなあ
ちょっと古いけどリノベ済みできれいだったし、何より安いし…
ほかにも検討している人がいるので、早めに決めてくださいね
(株)○○
お父さんお母さんや、一人暮らししている友だちにも聞いてみよう
ゾロゾロ…
けっこう、みんな暇なんだね
いやいや
たまたま時間空いてたからさ

それに、春人、結構こういうの興味持っているみたいだから
えっ、そうなの？
ん、そんなことないよ!?
駅からはずっと下り坂で、帰り道は楽そうだね！
見てみて
マンションの裏の池、散歩とかジョギングにもよさそうね
そうね！
確かに帰り道も楽そうだし、休みの日ものんびりできそう
う〜ん

ねえねえ
不動産屋さんで、建物の説明とかはされた？
ううん
まだ部屋を見せてもらっただけだったから、そういうのは今度聞いてみようと思う
マンションの裏が池で、その向こうは崖になってるよね？
駅からずっと下り坂だったし
この辺って、一番低い土地なんじゃないかな
じゃ、周辺の地図とか、ハザードマップとか、見せてもらってないんだよね
ハザードマップ！
？？？
低い土地だと何がいけないの？
ザザザザ
大雨が降ったら、周りの雨水は全部この辺に流れてきてたまってしまうかもしれないかなって
ゴロ…
ゴロ…
ゴロ…
崖だって崩れるかもしれないし
わーっ
あー、そういえば

経済学の授業で、
災害が起こりやすぃところでは土地の値段は安くなる、
って言ってたなあ
じゃあ、駅にも商店街にも近いけど、危険な場所だから安かったりするのかな
でも大雨で洪水になっても、部屋は4階だから大丈夫じゃない？
でも、下の階に水がたまったら、外に出られなくなるかもしれないいよ
たすけて〜〜
もしかしたら停電するかもしれないし、トイレ流れないぃんじゃない？
ザザ
ドバババ
もし下の階だとトイレから下水が逆流してくるって聞いたことあるよ
いやだあああ
なかなかそんなこと起こらないと思うんだけどなぁ…

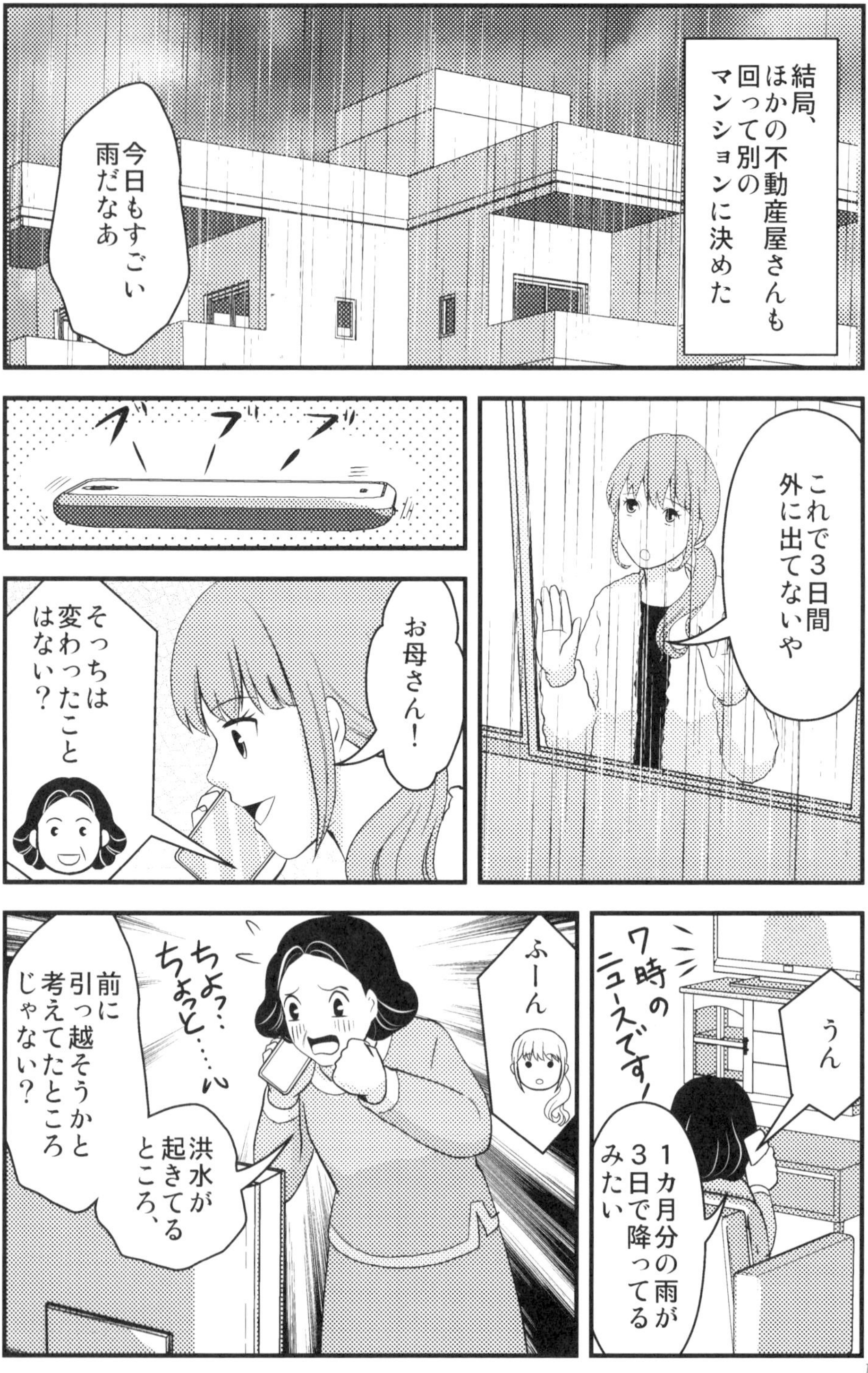
結局、ほかの不動産屋さんも回って別のマンションに決めた
今日もすごい雨だなあ
ブブブ
これで3日間外に出てないや
お母さん！
そっちは変わったことはない？
うん
7時のニュースです！
1カ月分の雨が3日で降ってるみたい
ふーん
ちょっ…ちょっと……ん
洪水が起きてるところ、
前に引っ越そうかと考えてたところじゃない？

えっ
うわ、本当だ
あのスーパー水浸しだ…
駅から途中のスーパーでこうだとしたら、あのマンションのあたりはもっとひどいことになってるかも…
このマンションは狭いけど、土地は頑丈で、地震にも雨にも強いって
不動産屋さんは言ってたし
やっぱりこっちを選んでおいてよかったぁ

35 大雨・台風・竜巻
――自ら判断し、身を守ろう

天気予報の精度が向上し外出や避難の判断材料に

気象庁では、日々気象警報や注意報を発表しています。

警報の発表基準をはるかに超える大雨などが予想され、重大な災害が発生する恐れが著しく高まっている場合には、大雨特別警報や暴風特別警報のような特別警報を発表し、最大級の警戒を呼びかけています。また、台風が発生し、日本に接近してきた場合には台風の経路図や暴風域に入る確率といった台風情報を発表し、注意を促します。

大雨や台風は、その多くがこうした情報提供により事前にリスクを把握することができます。近年、各種の研究を通じて天気予報の精度向上が図られており、私たちが自らの判断で外出を取りやめたり、避難したりするための重要な判断材料となっています。

警戒レベル「4」までに全員が避難を完了すべき

これまで直前の予測は困難とされていたゲリラ豪雨や竜巻に関しても、100％ではなくても予測精度は向上しています。竜巻は気象庁から「竜巻注意情報」が、ゲリラ豪雨はYahoo!防災速報などの民間サービスで予測が発表されています。いずれにせよ、急に空が暗くなる、急に冷たい風が吹くといった際には、急激な天候の変化が予想されるということを覚えておくとよいでしょう。

また、避難すべきかどうか、という判断材料として「警戒レベル」が天気予報とともに発表されます。警戒レベル1～5があり、警戒レベル「4」までに避難する必要があります。警戒レベル「5」となった場合は、今いる建物の上層階や、斜面と反対側の部屋に移動するなど、その場で身を守る行動を取ります。この場合、避難のために移動をすること自体が危険ですのでやめましょう。

ハザードマップなどで危険な区域の把握を

災害が発生する前に、洪水で浸水する場所や土砂崩れの恐れがある範囲を知るにはハザードマップなどを参照してください。国土交通省が運営する「ハザードマップポータルサイト」(https://disaportal.gsi.go.jp/) をスマートフォンで閲覧できます。

アパートなどを探す際には、高い崖がある場所や、周りに比べて低く、水が溜まりやすそうな場所ではないかといったこともチェックしておくとよいでしょう。

(図表35) 知っておきたい5つの警戒レベル

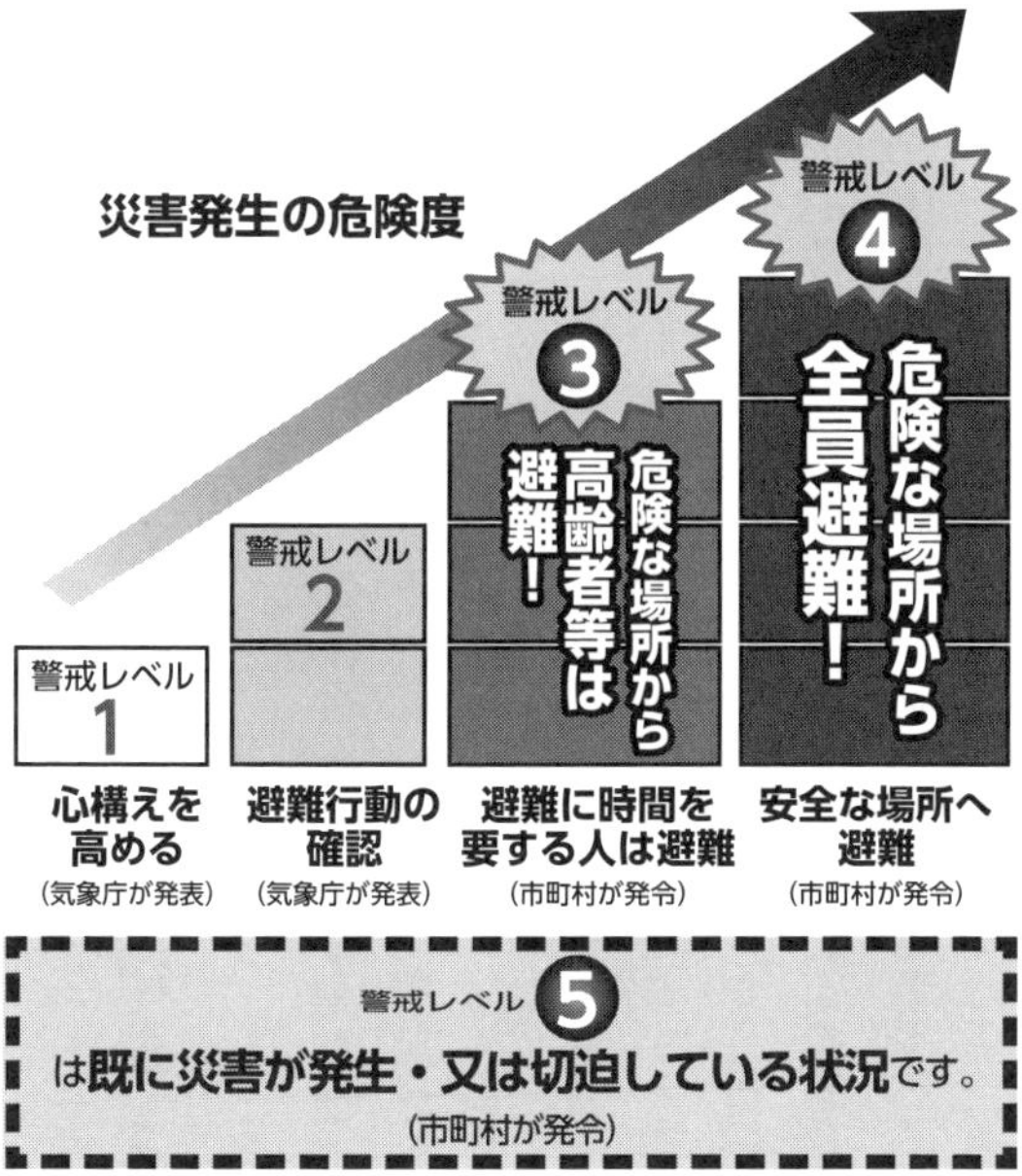

出典：政府広報オンライン

2021年に発生した静岡県熱海市の土石流は、大雨で崩れる恐れがある大量の土砂を誰の責任で撤去するかが決まらないうちに起きた災害でした。

どんなに事前に気をつけていても、思わぬ形で災害に巻き込まれてしまうこともあるので、大雨や台風の発生時は油断せずに過ごすようにしましょう。

危険を防ぐポイント

1. 気象警報や警戒レベルなどをチェックし、外出の取りやめや避難すべきかどうかを判断しよう
2. ハザードマップなどで浸水や土砂崩れが起きやすいところを把握し、避難場所なども確認しておこう

36

地震・津波
――普段の備えと心がまえが命を救う

築年数の古い家は耐震性に懸念あり

2011年3月11日に発生した東日本大震災から十数年がたちます。日本は地震の多い国であることは周知の事実であり、東日本大震災以降も、あちこちで大きな地震が発生しています。そのたびに多くの人が亡くなったり、被災者の生活が制限される事態が生じています。

過去の地震災害を教訓に、前もってできる備えをしておくことが大切です。

1981年に適用が開始された新耐震基準で建設された家屋であれば、地震による倒壊の危険性は低いのですが、築年数の古い家やアパートの場合は危険性が高まります。

みなさんの家やアパートはどうでしょうか。古い建物の場合は引っ越し（実家の場合は耐震診断・補強など）も視野にご家族とよく相談してみてください。

停電時にスマートフォンを充電する手段を用意しておく

地震発生後の停電や断水への備えについても考えておきましょう。普段からスマートフォンのバッテリーの残量には気を使っていると思いますが、停電時の対策は考えているでしょうか。大容量モバイルバッテリー、または手回し型の充電器やソーラーパネルのついたモバイルバッテリーなどがあると便利です。実家にお住まいであれば、家庭用のバッテリーなどもありますので調べてみてください。

簡易トイレや備蓄用の食糧を備えておくことも重要です。時々（年に1回ぐらい）試してみるのもよいでしょう。

水は飲み水用のペットボトルを、いつも数本多めにストックしておくとよいでしょう。マンションの高層階などでは、エレベーターが使えな

（図表36）イザというときのために備えておきたいグッズ

非常用持ち出し袋 避難の際に持ち出すもの！

- □ 水
- □ 食品（ご飯（アルファ米など）、レトルト食品、ビスケット、チョコ、乾パンなど：最低3日分の用意！）
- □ 防災用ヘルメット・防災ずきん
- □ レインウェア
- □ 紐なしのズック靴
- □ 懐中電灯（※手動充電式が便利）
- □ 携帯ラジオ（※手動充電式が便利）
- □ 予備電池・携帯充電器
- □ マッチ・ろうそく
- □ 救急用品（ばんそうこう、包帯、消毒液、常備薬など）
- □ 使い捨てカイロ
- □ ブランケット
- □ 軍手
- □ 洗面用具
- □ 歯ブラシ・歯磨き粉
- □ タオル
- □ ペン・ノート

感染症対策にも有効です!!

- □ マスク
- □ 手指消毒用アルコール
- □ 石鹸・ハンドソープ
- □ ウェットティッシュ
- □ 体温計

一緒に持ち出そう!!

- □ 貴重品（通帳、現金、パスポート、運転免許証、病院の診察券、マイナンバーカードなど）

女性の備え

- □ 生理用品
- □ おりものシート
- □ サニタリーショーツ
- □ 中身の見えないごみ袋
- □ 防犯ブザー／ホイッスル

出典：首相官邸HP

くなった場合、水やトイレのために地上まで移動するのが困難になります。さらに多めの水や簡易トイレを備蓄しておきたいものです。

もし今、地震が起こったらとシミュレーションをしてみる

こうした備えは、すべて「普段の生活」の延長でできることです。

実際に地震が起こったときは、何よりもまず、自らの命を守ることを最優先にしてください。

普段の生活シーンで地震が起こったらどうなるか、一度考えてみることも必要です。家にいるとき、大学にいるとき、バイト先にいるとき……。多くの場合は無理に帰宅したり、駅に行ったり、避難所に行ったりするよりも、安全な場所で待機した方がよいでしょう。

ただし、津波や崖崩れの恐れがある場所からは、周囲に注意をしながら直ちに避難するようにしてください。こうした場所には、どこかに「避難場所」[1]があるはずです。

災害発生時には、無料のＷｉ－Ｆｉが開放される場合もあります。通信手段がある場合は、大事な人に安否を伝え、お互いに安全を最優先にして行動しましょう。

危険を防ぐポイント

1. 築年数の古い家に住んでいる場合は家族と引っ越しなどの相談を
2. 停電時のバッテリーの確保や水、食糧も備えておこう
3. 「今、地震が起きたとしたら」の視点で、取るべき行動を考えておこう

1　「緊急避難場所」などのことで、災害の種類ごとに定められた「身の安全を守る場所」のこと。なお学校などの「避難所」とは必ずしも同じではないことに注意（避難所であっても緊急避難場所とはなっていない場合がある）。自治体の防災マップやWebサイトで確認できるほか、国土地理院HP（https://www.gsi.go.jp/bousaichiri/hinanbasho.html）で全国の指定緊急避難場所の一覧を閲覧できる

37

防災情報を使いこなす
――スマホでここまで安全を確保できる

私たちの日常生活にありふれている防災情報

みなさんはスマートフォンを見ない日はあるでしょうか。おそらく多くの人が「ない」と答えると思います。では、「防災」に関する何らかの情報を見たことはあるでしょうか。

あまり見たことがないという人が多いかもしれませんが、実はほとんどの人が防災情報に触れていると思います。天気予報を見たり、電車の運行状況を見たり、ニュースを見たり……。そうした情報もれっきとした防災情報です。

私たちが普段使う検索サイトも「防災情報」を提供しています。危機意識の高い人はスマートフォンに「防災アプリ」を入れているかもしれません。お住まいの市町村や都道府県がWebで提供している場合もあるので、確認してみてください。

デマに惑わされないように情報源を確かめるクセを

Webやアプリでは、今後数時間の雨の予報や雨雲の位置を示したマップなども見ることができます。雨が降ってきたときは、いつまで降りそうかを確認してみましょう。1時間ほどでやみそうであれば、「今いる駅やカフェで時間をつぶしてから行こう」などと、スマートに予定を考えられます。万一、外出中に知らない場所で地震や記録的な豪雨に遭い、どこに行けばいいかわからないようなときでも、その市町村の防災情報を見れば避難所や、困った人の受け入れ場所がわかるかもしれません。

ただし、個人のSNSのような情報源は、役立つこともありますが、デマが含まれていることもあります。不安になる情報を見かけたときは、必ず行政機関のWebやSNS情報を探して、正しい情報かどうか確認すべきです。また、自分がデマ

（図表37）スマホに入れておきたい防災情報アプリの一例

NHK ニュース・防災
最新ニュース・災害情報をいち早く届けてくれるアプリ
iOS　Android

goo防災アプリ
防災・災害に関する情報や避難所の検索ができる防災アプリ
iOS　Android

を広める起点とならないよう、むやみに災害現場の写真や、人づてに聞いた話をアップすることは避けてください（それよりも市町村や警察・消防に通報する方が確実です）。過去には「有害物質を含んだ雨が降ってくる」「動物園から猛獣が逃げ出した」といったデマ情報や、「○○市が水没」と誤解するようなニセの写真がアップされた例があります。

避難訓練を行ったり備蓄品の提案も受けられる

リアルタイムで使うだけではなく、事前の備えにも防災情報は役立ちます。アパートを決める際に「ハザードマップ」を確認して、災害に遭う危険性の高い場所は避けたり、バイト先などよく行く場所については近くの避難所を確認しておいたりするとよいでしょう。避難訓練ができるアプリや必要な備蓄品を提案してくれるWebサイトなどもあります。防災クイズを通して知識を身につけられるサイトもあります。

また、災害時でもスマートフォンを使用できるように災害時に適したモバイルバッテリーを用意しておくとよいでしょう。

危険を防ぐポイント

1. 数時間後の雨雲予測などを見る習慣をつけ、防災意識を高めよう
2. SNSの情報がデマかどうかが心配になったら行政機関の情報を確認しよう
3. 一度ハザードマップを確認し、災害時にも対応できるような備えをしておこう

38 火事・一酸化炭素中毒
——万一、火災に遭っても命を守るために

火気使用時は十分な換気で一酸化炭素中毒を回避

火災で怖いのはもちろん炎です。ただ、火災にはもう一つ、一酸化炭素中毒の危険があります。2021年に大阪市のビルで発生した放火事件では、犠牲者の大半が一酸化炭素中毒によって亡くなったものと考えられています。

一酸化炭素が充満した室内などでは、ほんの数回の呼吸で意識を失うこともあるため、屋内で火気を使用する場合は窓を開けたり換気扇を回すなどして、十分に換気することを心がけましょう。キャンプなど外出先のテントやペンションなどで、バーベキューや鍋料理をする際も要注意です。

また、大雪で車が立ち往生した場合は、排ガスが車内に逆流することがあります。マフラーが雪に埋まっていないかを確認し、寒くてもわずかに窓を開けるなど、換気を心がけてください。

コンセントのホコリや傷ついた電気コードも出火の原因に

近年、キッチンのコンロや、お風呂の給湯器、ストーブなどには自動消火装置がついており、不注意による出火はかなり予防できるようになりました。ただし、出火の原因はこれだけではありません。コンセントがホコリをかぶっていて、そこから出火する「トラッキング現象」にも十分に気をつけてください。電気コードが重い家具の下敷きになっていて傷つき、そこから出火することもあります。見えない部分のコンセントやコードには注意し、古い電気コードなどは使わないようにしましょう。

一方で、出火原因の多くを占めているのが放火です（「放火」「放火の疑い」を合計すると、最も多い出火原因となります）。

（図表38）主な出火原因別の出火件数（令和2年中）

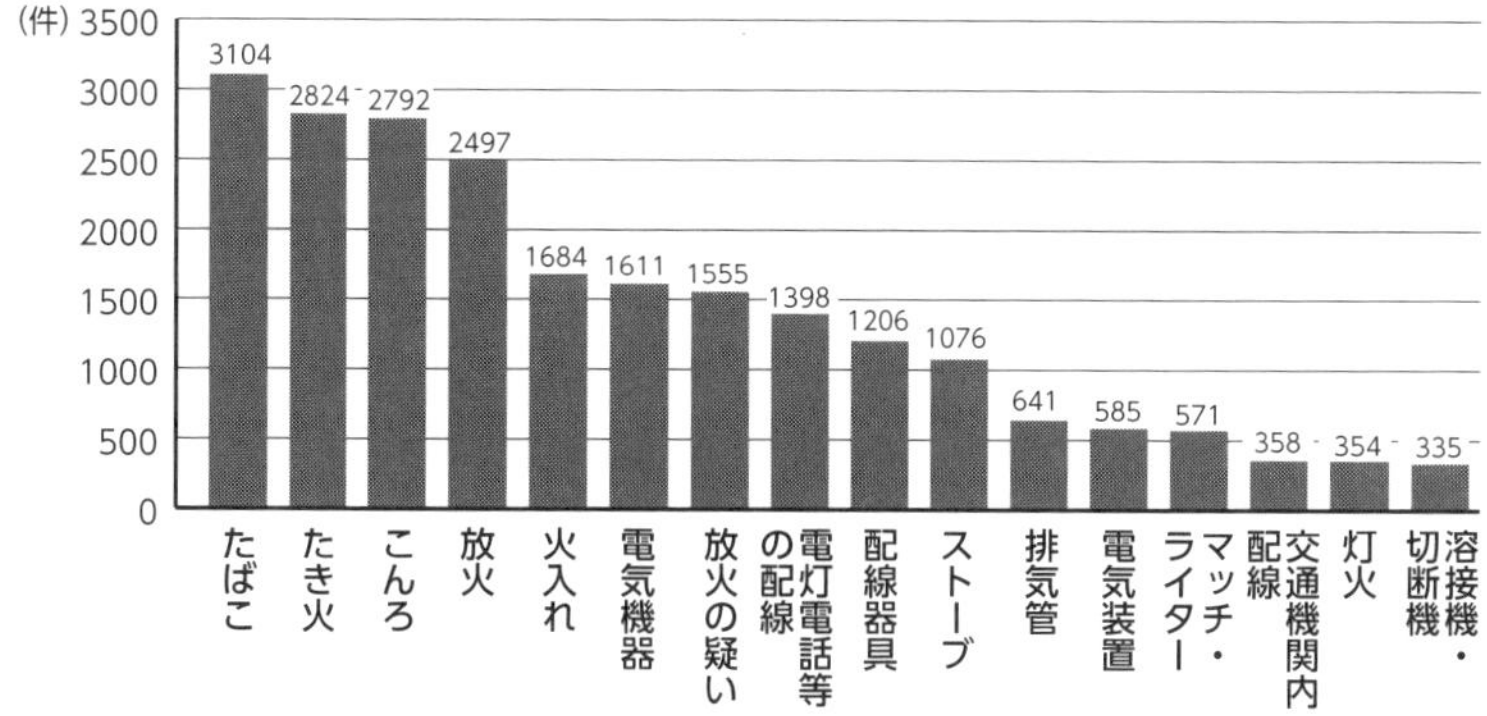

出典：総務省消防庁「令和3年版消防白書」

前述した大阪市のビル火災も、2019年に京都市のアニメ制作会社で数十名の犠牲者を出した火災も、いずれも放火によるものでした。

予想もしない火災に遭った場合でも、冷静に避難できるようビルやホテルなどでは、避難経路を確認しておくようにしましょう。非常口が荷物でふさがれているような建物は危険ですので、できるだけ利用しないようにしたいものです。

多額の損害賠償や医療費を請求される場合も

住んでいるアパートなどで、あなたの不注意により火事を起こしてしまうと、ほかの居住者らが命の危険にさらされるのはもちろんのこと、損害賠償を問われたり、ケガなどの医療費が必要になるなど、多大な費用がかかる可能性が高くなります。

また、自分に責任がない場合でも、家財道具が燃えたり、水や消火剤に浸かってしまった結果、それらを新しく買い直す必要が生じることもあります。

万一の火災に備えて、CO・OPの学生総合共済や火災保険などに加入しておくことをお勧めします。

危険を防ぐポイント

1. 火気使用時は、換気と後始末をしっかりする
2. 自宅やよく行く場所、また旅行先のホテルなどでは避難経路を確認する習慣をつけておく

39 災害時のボランティア
——大学生の力は貴重！　だけど入念な準備と確認が必須

被災地の状況を確認した上でボランティアに参加しよう

大学生として勉強しながら、ボランティア活動に参加したりNPO法人の活動に参加したり、あるいは自ら団体を立ち上げたりする人も珍しくなくなってきました。

大学生を対象とした調査では、40％近くの人がボランティア活動などに参加したことがあると回答しています（図表39参照）。

過去には、被災家屋の後片付けや避難所での物資配布など、マンパワーが必要な場面で大学生を含めた若い人たちの力が重宝されました。

一方、新型コロナウイルスがまん延した近年では、被災地の外から来た人によって感染が拡大しないように「被災地のボランティア募集状況を確認してください」というような呼びかけもなされました。[1]

こうした呼びかけは新型コロナウイルスのまん延に限ったことではありません。

被災地の状況によってはボランティアを受け入れる準備ができていなかったり、危険な状況が続いている場合もあるため、事前に現地の状況をよく確認した上で、活動に参加するようにしてください。

必要な装備は自分で用意し現地に頼らない

また、災害ボランティア関連の組織や団体など[2]が発信している情報を確認することで、被災地に行く前に必要な準備を知ることができます。

交通手段や宿泊場所、食事の確保、暑さ・寒さに応じた適切な服装、軍手やマスクなどの装備は自分で用意し、現地に頼ることのないようにしましょう。

もしものケガに備えて、「ボランティア保険」への加入も必要です。現地での事務手続きを避けるため、出発前に加入するようにしておきま

1　政府広報オンライン「ボランティア活動を考えている皆さんへ」など
2　内閣府やピースボート災害ボランティア支援センターなど

（図表39）大学生のボランティアなどの活躍状況

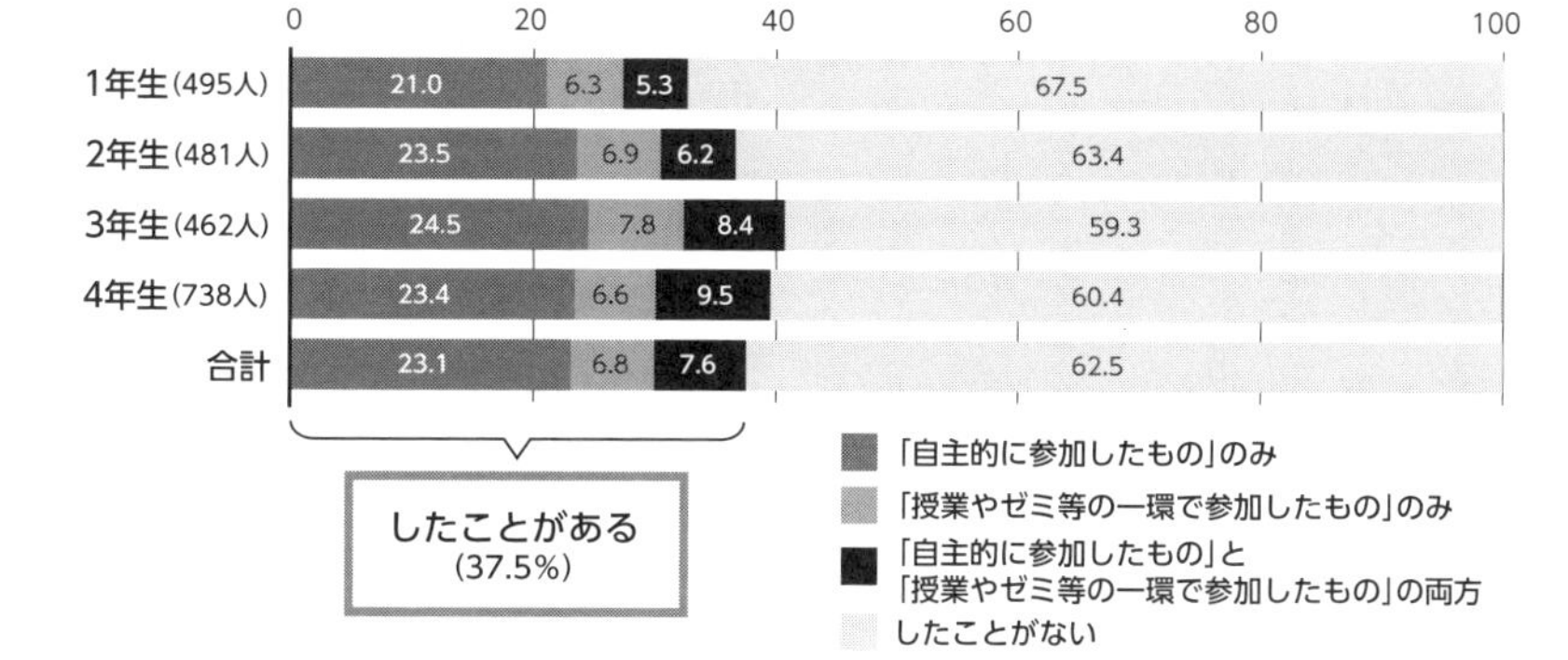

出典：国立青少年教育振興機構「大学生のボランティア活動等に関する調査（2020年3月）」

しょう。Ｗｅｂでも加入手続きは可能です。

被災地に負担をかけない行動を心がけよう

ボランティア活動に一生懸命になるあまり、自分がケガや病気になってしまうことがないようにしてください。自分には無理だと思う作業だったり、体調に不安があれば、活動の継続を諦めましょう。

体力に自信のない人や交通費、宿泊費を用意できないという人もいるかもしれません。被災地に行かずに、募金などで災害ボランティアを支援することも可能です。災害ボランティア活動への募金や、災害ボランティアがより効果的に活動できる体制づくりに備える基金[3]などもあるので、参考にしてみてください。

危険を防ぐポイント

1. 被災地が安全に活動できる状況かを確認しよう
2. 必要な装備などは自分で用意する
3. 災害ボランティア関連の組織や団体への寄付も支援の一つ

3　ピースボート災害ボランティア支援センターや全国災害ボランティア支援団体ネットワーク（JVOAD）など

40 外出先での事故・災害
――危険を避けるために「ちょっとだけ」心がけておきたいこと

事件や事故に巻き込まれる可能性を想定しておく

誰しも、外出先で思いがけない事故や災害に遭遇してしまう可能性があります。これらを全て予防することは難しいかもしれませんが、最悪の事態を招かないためにも、ちょっとした対策や心がまえをしておきましょう。

旅行や研修などで訪れたホテルや旅館では、避難経路を確認しておきます。自動車やバスで移動する場合（特に高速道路）はシートベルトをしておきましょう。

2022年10月に韓国で発生した群集事故は予想できないものでしたが、混雑している場所にはできるだけ近づかない方が安全です。特に橋や階段など歩行空間が限られる場所では、大きな事故に発展する可能性も高く、十分気をつけてください。

鉄道や新幹線で、思わぬ犯罪に巻き込まれたケースもあります。様子がおかしいと思ったらむやみに近づかないようにしたり、車掌や駅員に報告したりするとよいでしょう。

天候や気候に注意を払い安全な外出を

山や川に行く際には、天気予報はもちろん、「噴火警戒レベル」や「河川水位情報」、冬であれば「なだれ注意報」などにも注意を払うようにしましょう。

近年、真夏には記録的な猛暑が続いています。猛暑が予想される日の外出は可能であれば取りやめるか、どうしても外出しなければならない場合は十分な水分や帽子・日傘を持参するなどして、熱中症に注意しましょう。

不慮の事故に遭遇した場合でも、CO・OP学生総合共済などに加入していれば、ケガをした場合の治療費などをカバーできます。

（図表40）歩きスマホなどによる年齢区分別救急搬送人員
（東京消防庁管内、平成28年から令和2年の集計）

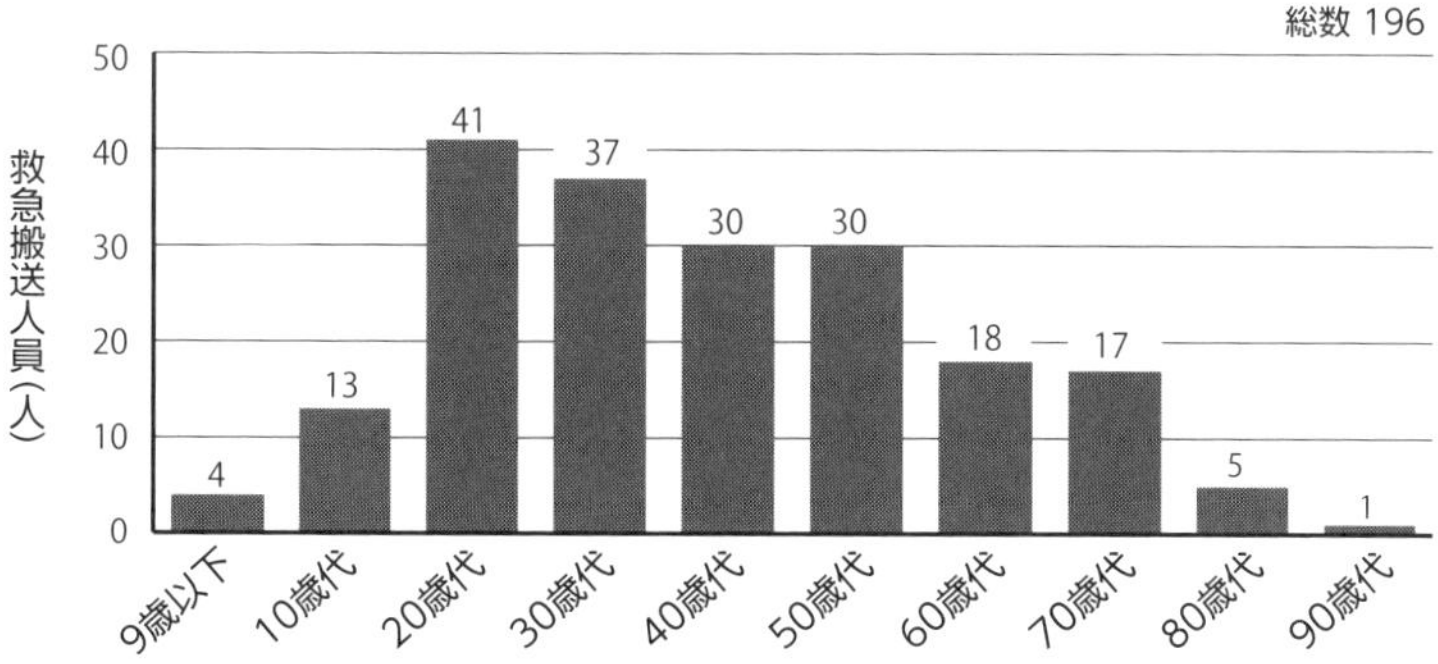

＊“歩きスマホなど”には“自動車に乗りながら”なども含まれる

出典：東京消防庁HP

スマホに気を取られていると思わぬ事故に遭う危険も

このように、外出前の準備や備えはいくつもありますが、外出中にはどのようなことに注意をしたらよいでしょうか？

みなさんは「ながらスマホ」をしていませんか。歩いていて人にぶつかるというリスクはもちろんありますが、暴走してくる自転車や車に気づかなかったり、道路に段差があってつまずいたり、足を踏み外してしまうこともあります。物が飛んできたり、落ちてくる可能性もあります。東京消防庁管内で歩きスマホなどによる救急搬送人員は、20歳代が最も多くなっています（図表40参照）。

スマホに気を取られずに前を向いて歩いていれば、事故やケガなどを回避できるケースも少なくありません。

事故に巻き込まれたり、大ケガをしてからでは遅いため、「ちょっとした心がけ」でこうしたリスクを避けながら楽しく外出しましょう。

危険を防ぐポイント

1. 混雑している場所にはなるべく近づかないようにしよう
2. アウトドア時には天気予報をはじめ、各種の警戒情報、注意報などもチェックしよう
3. ながらスマホは事故やケガにつながるのでやめよう

41 交通事故
――小さな油断が取り返しのつかない後悔を招く

事故の加害者になった場合賠償金を請求されることも

自動車やバイクを運転するには運転免許証が必要ですが、ほかには何が必要だと思いますか？

万が一、事故を起こして他人や他人の財産（建物など）に損害を負わせてしまった場合、多額の賠償金を支払わなければならなくなります。

加入が義務付けられている自賠責保険はもとより、自動車保険・バイク保険に加入していないと、多額の賠償金を自分で支払うことは困難です。特に実家の車を運転する場合、あなたが保険の対象に含まれていないと事故を起こしても補償されないので、乗る前に必ず確認してください。

シートベルトの着用により後部座席の死亡割合が大幅減

また、事故に巻き込まれたときに備えて、自分の身を守ることも考えましょう。シートベルトは後部座席であっても必ずするようにしてください。

後部座席のシートベルト非着用者はシートベルト着用者に比べ、一般道路での死亡割合が約3・5倍、高速道路では約19・4倍になるというデータもあります。また、バイクはもちろん、自転車であってもヘルメットを着用することで、事故に遭ったときの被害を軽減できます（図表41－1、41－2参照）。

自動車やバイク、自転車を運転するとき、あるいは歩いているときでも、交通ルールをしっかり守ることで事故のリスクを軽減できます。一時停止（止まれ）の標識がある場所では必ず止まり、横断歩道のある場所では減速し（歩行者であれば左右をよく見て渡る）、ライトは早めに点灯しましょう。

「あおり運転」や猛スピードを出す、逆走するなど、交通事故を起こす危

(図表 41-1) 自動車後部座席同乗中の死傷者のシートベルト着用・非着用別致死率（平成29〜令和3年）

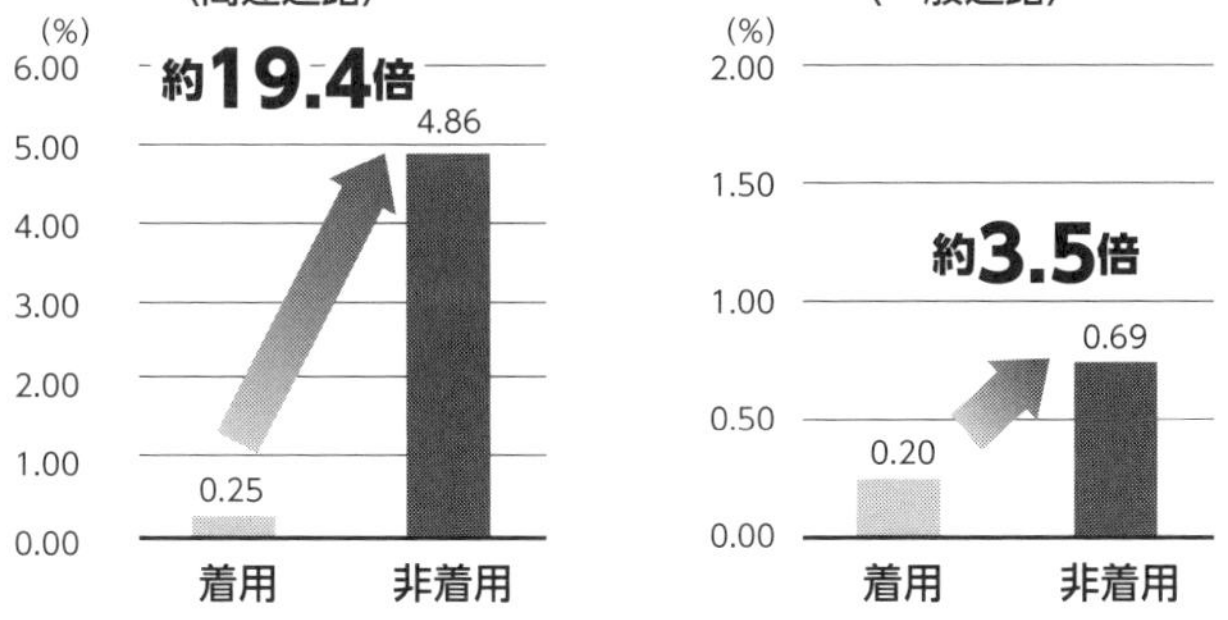

(図表 41-2) 自転車乗用中のヘルメット着用状況別致死率（平成29〜令和3年）

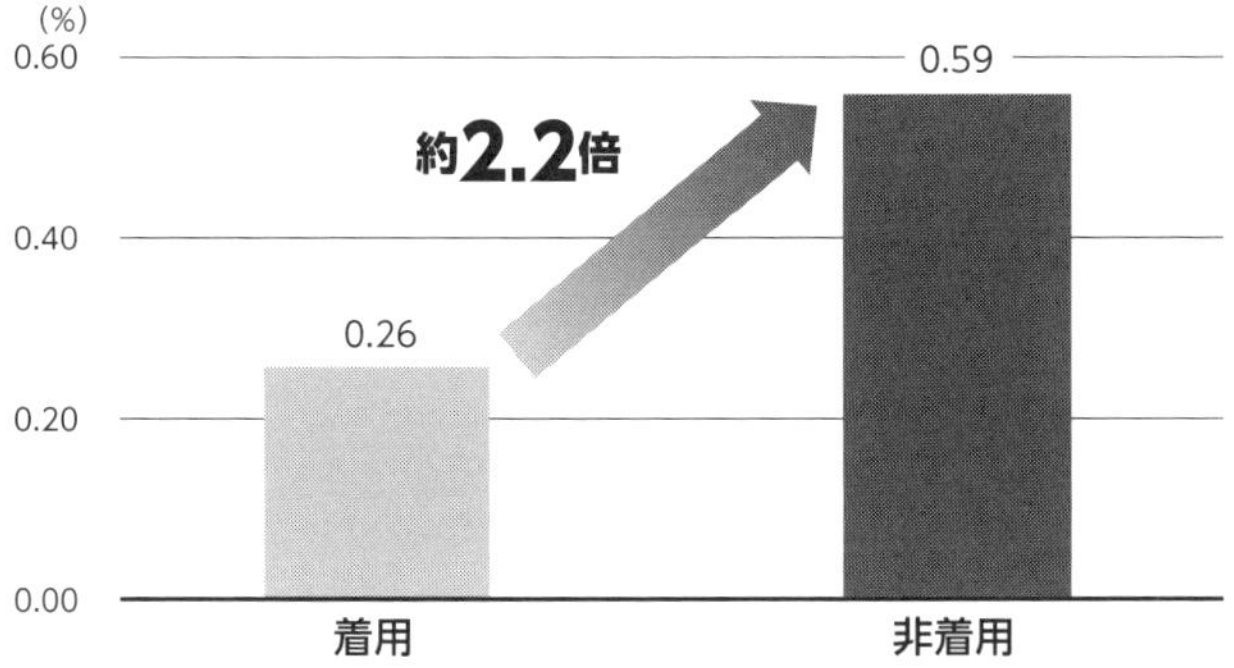

出典：警察庁HP

険のある車両からはすぐに離れるようにしてください。

もちろん、自らがそうしたドライバー・ライダーにならないために、「ダメなものはダメ」と、いつも自制心を持って運転しましょう。飲酒運転・無免許運転をさせようとする人、スピードを出させようという同乗者の「あおり」も無視しましょう。

危険を防ぐポイント

1. 自動車やバイクを運転する際は、自賠責保険だけでなく自動車保険・バイク保険にも加入を
2. 後部座席でもシートベルトの着用により事故遭遇時の被害を大幅に低減できる
3. 危険な運転をする車からは離れよう

●イザというときに役立つ連絡先・参考サイト <防災編>

☞ 気象庁「キキクル」
降雨データや河川データを用いて、土砂災害・浸水害・洪水災害の「現在の危険度」を見ることができます。
https://www.jma.go.jp/bosai/risk/

☞ 国土交通省「重ねるハザードマップ」
洪水、土砂災害、津波といったハザードマップを重ねて見ることができ、また、地形を表示することができるので、その土地の特徴を併せて学ぶこともできます。
http://disaportal.gsi.go.jp/

☞ 国土交通省「ＰＬＴＥＡＵ（プラトー）」
３Ｄマップを用いた浸水シミュレーションなどの例を見ることができます。
https://www.mlit.go.jp/plateau/

☞ 東京都「東京備蓄ナビ」
お住まいの自治体のホームページなどで、必要な備蓄品の種類や量の目安を広報しています。東京都の「東京備蓄ナビ」では、自分の家族構成などを入力していくことで、備蓄のポイントを個別に知ることができます。
https://www.bichiku.metro.tokyo.lg.jp/

☞ 全国大学生協連「防災の心得」
みんなで正しい知識を学び、みんなで考える・備える防災に役立つサイト。「Step1 知ろう・考えよう」、「Step2 備えよう」、「Step3 行動しよう」から構成され、被災した学生の体験談や災害時のための「超カンタン！ お料理レシピ」などのさまざまな情報が掲載されています。
https://www.univcoop.or.jp/disaster/

リスクを避けるだけではいけない！

大学生として自覚したい立場と責任

第6章

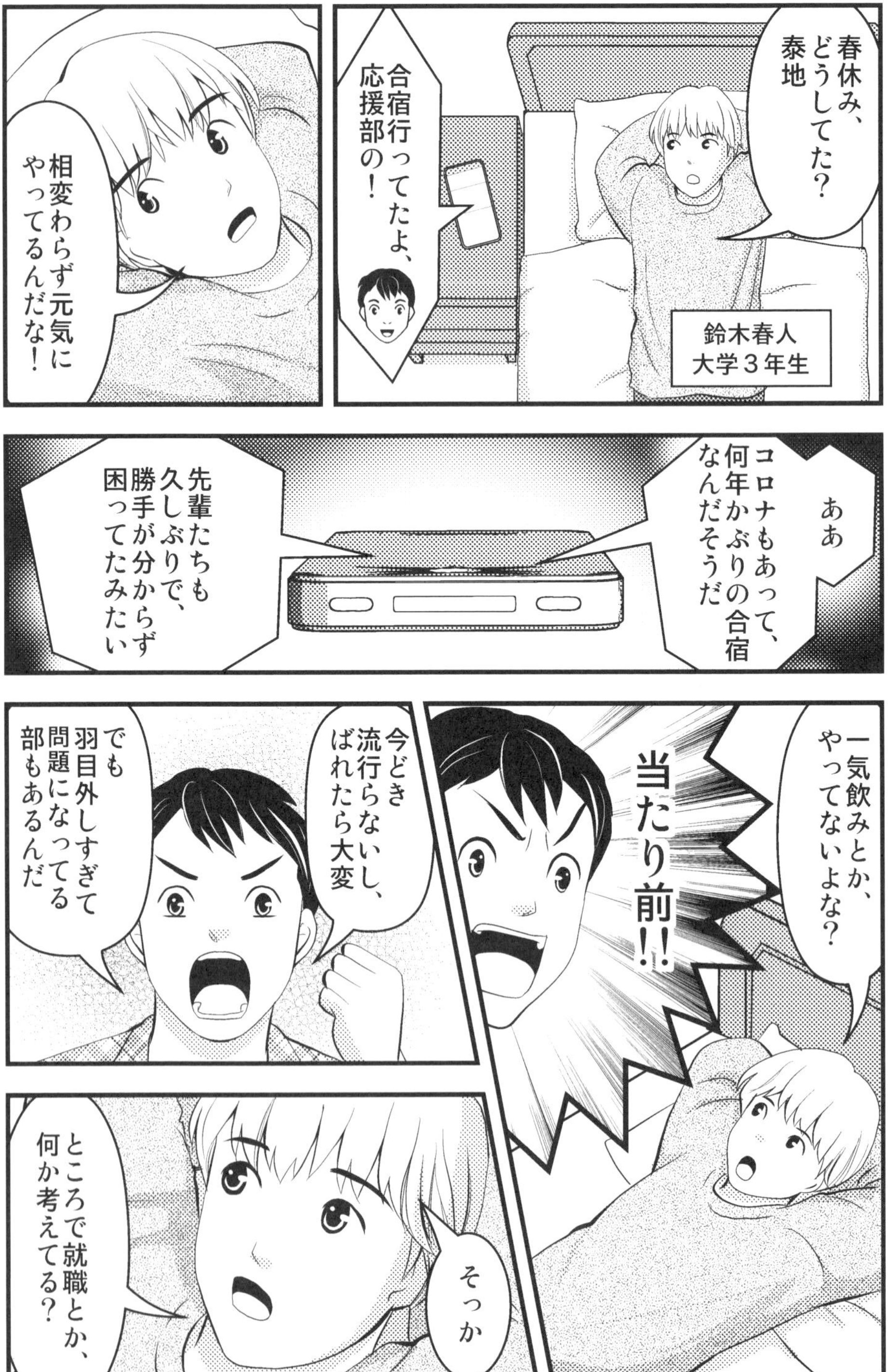
春休み、どうしてた？泰地
鈴木春人
大学３年生
合宿行ってたよ、応援部の！
相変わらず元気にやってるんだな！
ああ
コロナもあって、何年かぶりの合宿なんだそうだ
先輩たちも久しぶりで、勝手が分からず困ってたみたい
一気飲みとか、やってないよな？
当たり前!!
今どき流行らないし、ばれたら大変
でも羽目外しすぎて問題になってる部もあるんだ
そっか
ところで就職とか、何か考えてる？

まだあんまり
でも、OBとのつながりが強いんで、いろいろ相談できそう
俺も3年になったし、インターンやろうかと
掲示板
以下の者を停学３ヵ月とする。
文学部3年〇〇〇〇、△△△△、□□□□
青春大学学長　元村直子
掲示板
これが原因らしいよ

見た見た
それ
まったく何やってるんだろうね、ほんと
停学になったら、就職にも影響するし、
もし奨学金とか借りてたら、打ち切られるとか、いろいろあるんだろうな
そんなことも考えなかったのかな
ほかの部でも、コロナが収まってきて、久しぶりの合宿で騒いだりして、
いろいろ問題起こしているそうだよ
そうそう
俺の高校の同級生で、〇〇大学の応援部に入っている知り合いも、そんなこと言ってたな

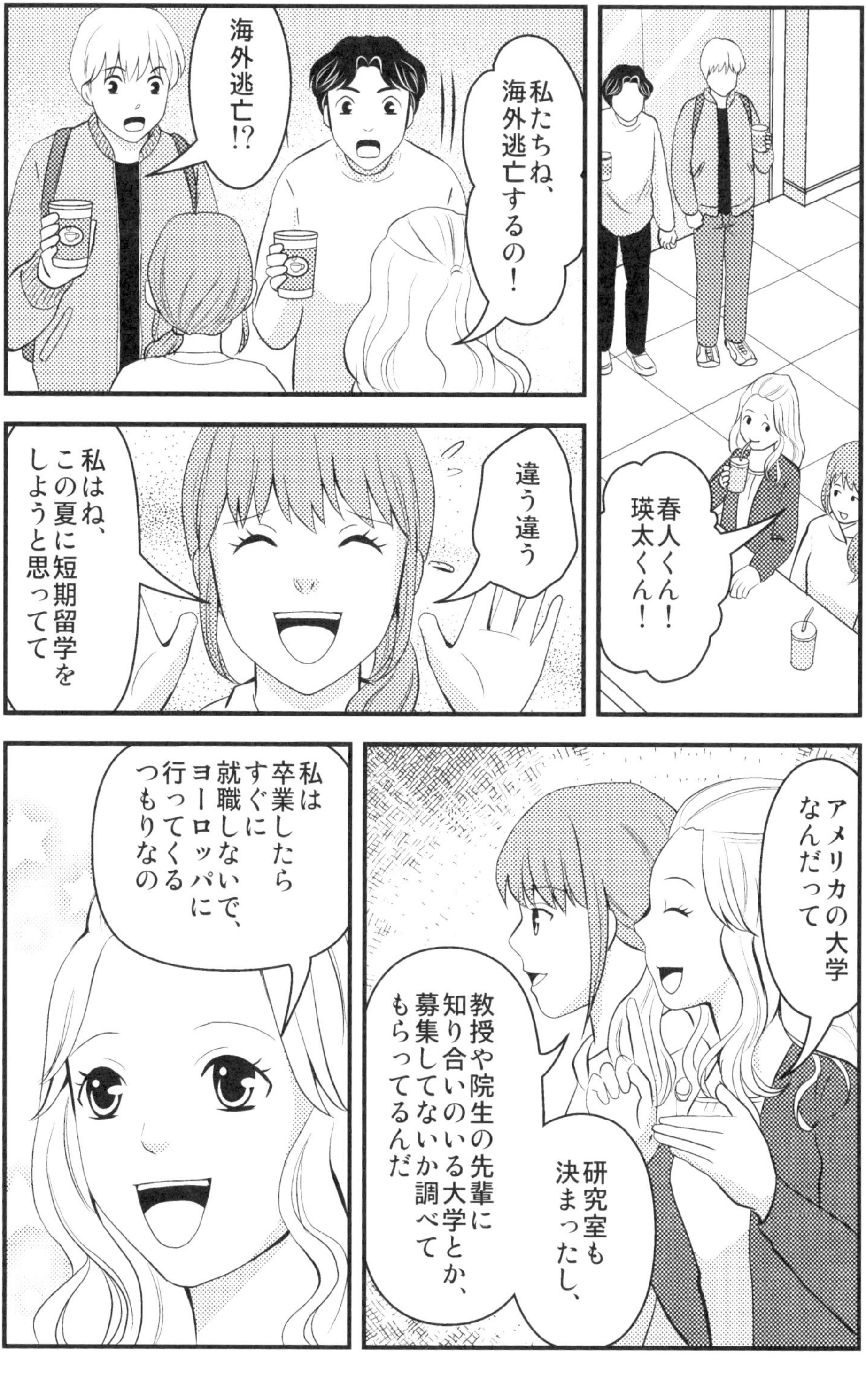
春人くん！瑛太くん！
私たちね、海外逃亡するの！
海外逃亡!?
違う違う
私はね、この夏に短期留学をしようと思ってて
アメリカの大学なんだって
研究室も決まったし、
教授や院生の先輩に知り合いのいる大学とか、募集してないか調べてもらってるんだ
私は卒業したらすぐに就職しないで、ヨーロッパに行ってくるつもりなの

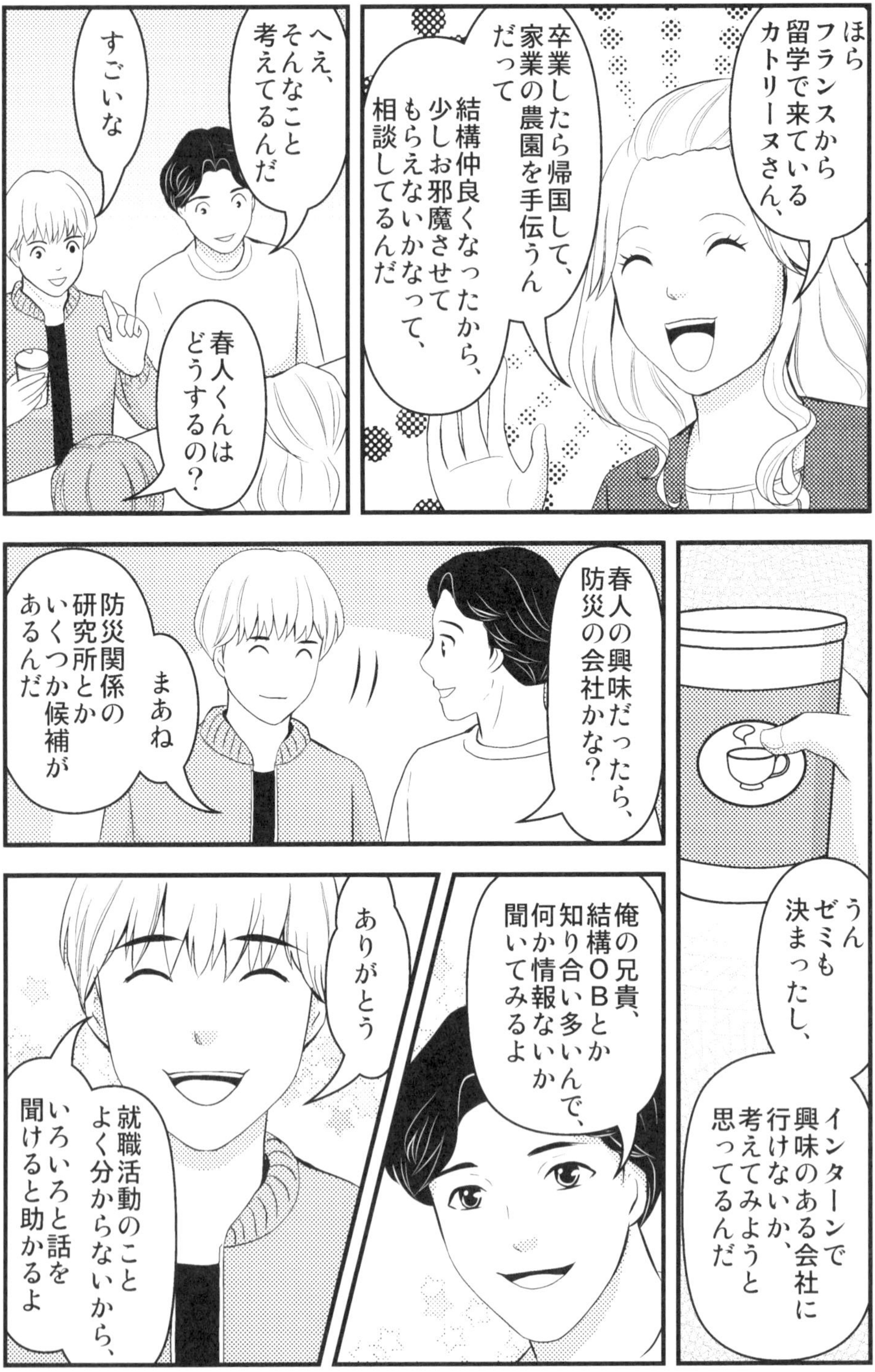
ほら
フランスから
留学で来ている
カトリーヌさん、
卒業したら帰国して、
家業の農園を手伝うん
だって
結構仲良くなったから、
少しお邪魔させて
もらえないかなって、
相談してるんだ
へえ、
そんなこと
考えてるんだ
すごいな
春人くんは
どうするの?
うん
ゼミも
決まったし、
インターンで
興味のある会社に
行けないか、
考えてみようと
思ってるんだ
春人の興味だったら、
防災の会社かな?
まあね
防災関係の
研究所とか
いくつか候補が
あるんだ
俺の兄貴、
結構OBとか
知り合い多いんで、
何か情報ないか
聞いてみるよ
ありがとう
就職活動のこと
よく分からないから、
いろいろと話を
聞けると助かるよ

その後
Hello
カチャ
カチャ…

祝卒業

42

迷惑行為

――〝たいしたことしてない〟つもりでも大きなトラブルに

住民からの学生への苦情が大学に寄せられることも

大学生は地域社会の一員でもあります。大学のキャンパス周辺、下宿先や自宅、通学途中においても、その自覚を持って行動することが求められます。

コロナ禍に伴いオンラインでの講義が増え、通学の機会が減ったかもしれません。とはいえ、駅からキャンパスまでの通学途中では、複数の友人らと談笑しながら道路の幅いっぱいまで広がって歩行したり、大きな声で会話したり、たばこやゴミをポイ捨てしたりと、マナーを無視した学生に対する苦情が、地域の住民から大学へ寄せられることもあります。

地域のルールや決まりを守り一般家庭への配慮も忘れずに

大学生になって一人暮らしを始める人も多いでしょう。騒音トラブルや不適切なゴミ出し、水もれなどには注意が必要です。

ワンルームマンションやアパートなど集合住宅では、周囲の住人に配慮しつつ、騒音を出さずに生活をするのがマナーです。

また、音量の大きさ以外にも夜間をはじめとした時間帯への配慮も必要になります。

大学生の中には夜型の生活スタイルになってしまっている人もいるかもしれませんが、一般の家庭はそうではないということを念頭に置きましょう。

ゴミの分別、粗大ゴミの出し方は、住んでいる自治体ごとに決まりがありますので、ちゃんと確認して対応するようにしましょう。騒音やゴミの出し方の問題などがこじれて、住民同士、また住民と管理人との間で傷害事件にまで発展した事例が報じられることもあります。

決められたルールを守ること、近

（図表 42）苦情が寄せられることの多い大学生のトラブル・マナー違反

- ●騒音（日中、夜間とも）
- ●歩きたばこ
- ●歩きスマホ
- ●通行人の妨げとなるような大人数での集合・待ち合わせ
- ●通行人の妨げとなるような複数人での横並びの歩行
- ●自転車やバイクなどの近隣での違法な駐輪・駐車
- ●公共交通機関での騒がしい会話
- ●ゴミの不始末
- ●アパート・マンションでの水もれ

隣に住んでいる人たちへの気遣いを忘れないことが、無用なトラブルを起こさない、または巻き込まれないための秘けつです。

特に水もれは、自分の家の中だけでなくマンションやアパートなどの階下の部屋にまで被害を拡大させてしまう可能性があります。場合によっては、大きな金銭的負担が発生することもあるので注意しましょう。

近隣や周りへの配慮を忘れずに

電車やバスの中での迷惑行為として、騒々しい会話、座席の座り方、乗降時のマナー、歩きスマホや混雑時のスマホ操作などがよく取り上げられています。

特に大学生だけの問題というわけではありませんが、初年次教育として、生活のマナーや常識を講義する大学もあるほどです。

自分の周りにいる人たちに迷惑をかけないこと、危険な目に遭わせないこと。これをないがしろにしていると、大きな代償となって自分に返ってくることを肝に銘じておきましょう。

危険を防ぐポイント

1. 少しの不注意が、大きな迷惑や他者を巻き込んだ大きなトラブルになる場合があることを知っておこう
2. 周りの人の立場に立って物事を考える習慣を身につけよう

43 金銭トラブル
――お金がからむことで友情にもヒビが

18歳からは買い物の自由度が一気に広がる

成年年齢の引き下げに伴い、18歳になると保護者の了解を得ずともさまざまな契約行為が可能になるため、クレジットカードを作ったり、ローンを組むこともできるようになります。クレジットカードで分割払いやリボルビング払いを選択することもできます。

交通系ICカードや電子マネー、スマホを用いた○○Payといったキャッシュレス決済の普及により、現金を持たなくても買い物ができるなど非常に便利になりました。ネットショッピングもこういった決済方法を用いてより気楽に行うことができるようになっています。

みなさんは高校時代にこうしたお金の支払い方や付き合い方を学び、すでに実践してきた人も少なくないと思いますが、大学生になり、いよいよ本格的に自分でお金を扱い、管理していかなければなりません。

無計画な買い物を続けると返済できなくなる危険も

現金払いの買い物の場合、財布の中が空であれば支払うことはできません。一方、クレジットカードは、利用可能限度額内であれば何回も利用でき、支払いは後日となります。通常、毎月まとめて請求されます。

分割払いやリボルビング払いを選択すれば、多少高額な商品であっても購入することができてしまいます。

しかし、手元にお金がない状態で買い物ができたとしても、後で支払わなければならないことをしっかりと念頭に置き、お金を管理する必要があります。

無計画な買い物を重ねていると、いつの間にか想定の範囲を超えた請求金額になっていて驚かされることもあるかもしれません。また、リボ

（図表 43）クレジットカード利用に際するトラブルの例

- クレジットカード情報の流出→身に覚えのない買い物の費用が請求された
- オンラインゲームや占いサイトなどの利用で請求額が高額になった
- 利用可能限度額まで買い物をし、支払いが滞った
- キャッシングの頻繁な利用で手数料や利息がかさみ、支払いが滞った
- リボ払いによって手数料がかさみ、支払残高が高額になった

カード料金の支払いを
３カ月以上延滞などすると…
→ ブラックリスト

ルビング払いやローンを組んでの支払いは、利子を払い続けなければならないことにも注意が必要です。使いすぎで支払いが滞ることのないよう、計画的にお金を管理していく必要があります。

友人とのお金の貸し借りはしないようにしよう

友人と安易にお金の貸し借りをすることもトラブルの元です。仲がよかった友人と険悪になってしまったという事例はたくさんあります。よほどのことがない限り、お金の貸し借りはしないようにしましょう。クレジットカードの貸し借りも禁止されています。

また、友人がローンを組んだり借金をしたりする際に、保証人になることも注意が必要です。友人に返済能力がないと認められると、保証人であるあなたに返済する義務が生じてしまいます。

金銭トラブルにならないように気をつけ、困ったことになる前に、早めに親や大学の相談窓口、身近な消費生活センター（73ページ参照）などに相談しましょう。

危険を防ぐポイント

1. クレジットカードの利用や学生ローンを組むときは、将来的な支払額をしっかり把握し、管理すること
2. 友人であっても、金銭の貸し借りはトラブルの元！

44 奨学金にひそむリスク
――将来返せなければ、自己破産することも……

大学生の平均収入の2割を占める奨学金

大学生のおよそ3～4人に1人は奨学金を受給しており、5人に1人が「貸与《たいよ》型」を受給しています（図表44参照）。

また、受給金額は大学生の平均収入の約20％を占めており、アルバイトによる収入と同程度となっています（日本学生支援機構「令和2年度学生生活調査」結果より）。

奨学金には、返済する必要のない給付型のものもありますが、大部分は貸与型です。貸与型には有利子と無利子の2種類があり、いずれも卒業後に返済しなければなりません。

奨学金を受けるときには、こうしたことをしっかり確認し、基本的にはお金を借りる「借金」であることを認識しておきましょう。

学生のうちに自分でお金を管理できるように

奨学金という借金の返済のためには、卒業後に社会人としてしっかり収入を得られるよう、大学生のうちに準備を進める必要があります。学問や研究はもちろん、サークル活動やアルバイトなどのあらゆる経験が、将来に就く職業の糧となるでしょう。

奨学金を受給している間は節約する必要がありますが、語学や資格試験など、将来に備えた自らへの「投資」も計画的に考えましょう。計画的な支出の範囲であれば、旅行などのレジャーも貴重な経験となるはずです。社会人になってから困ることのないように、学生のうちからお金の管理を自分でできるようにしておきましょう。

奨学金を返済できず自己破産するケースも

ところで、奨学金が返済できなくなったら、どうなるのか考えたこと

（図表44）奨学金受給率と受給者の受給金額

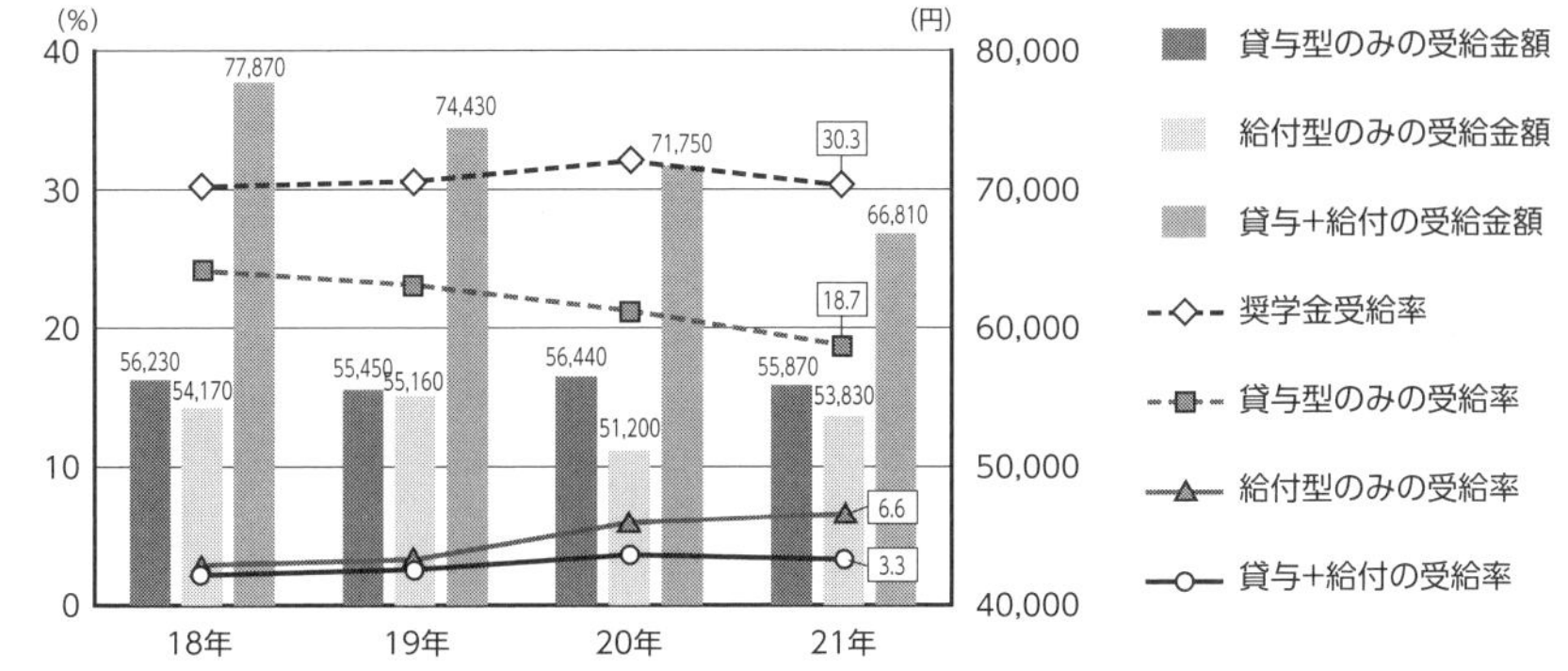

出典：全国大学生活協同組合連合会『CAMPUS LIFE DATA 2021』

はありますか。

返済が一定期間以上遅延するなどすると、いわゆるブラックリストに載ってしまう（個人信用情報機関に記録される）場合があります。

一度ブラックリストに載ると、その記録が消えるまでクレジットカードが作れない、ローンを組めない、保証会社がついている賃貸アパートの契約ができないなど、さまざまな不自由が生じることになってしまいます。

また、給料・財産の差し押さえや提訴など法的措置を取られることもあります。親や知人に連帯保証人になってもらっていた場合は、延滞してしまうと、本人だけでなく連帯保証人に対しても請求が行われ、大きな負担をかけることになります。

奨学金を返済できず、自己破産に追い込まれてしまうケースもあります。万一、自己破産して本人が免責決定を受けたとしても、連帯保証人への取り立てがなくなることはありません。

返済を一時的に延期してもらう措置を取ることもできますが、奨学金は返済しなければならないということをよく念頭に置いて利用するようにしましょう。

危険を防ぐポイント

1. 奨学金は社会人になってから返済しなければならない「借金」と心得よう
2. 返済が遅延すると、ブラックリストに載ることもある
3. 支出は計画的に行い、学生のうちから自分でお金を管理できるようになろう

45

ルールって何？

——大学生だからという甘えは通用しない

自由度が高まる分、責任も高まる

大学生になると生活の自由度がぐんと大きくなります。履修科目も自分で選択し、研究室やゼミも自分で考えることになります。クラブ、サークル、アルバイト、旅行、大学の枠を超えた友人付き合いなど、これまでより自由にいろいろなことができるようにもなります。

しかし、何でも好き勝手に物事を決めたり、振る舞ったりしていいというわけではありません。社会のルールに配慮した上での判断や行動が求められます。

社会のルールは、法律のようなフォーマルなものから、大学や住んでいる自治体で定められているもの、マナーのようなインフォーマルなものまでを含みます。最近では、いわゆる「ながらスマホ」に対して罰則が強化されていることにも注意が必要です（図表45参照）。

18歳、19歳に対する社会のルールが変わった

「これくらいなら『若気の至り』ということで大目に見てもらえるだろう」との軽い気持ちで取った行動が、マナー違反の域を超えて違法行為となり、処罰の対象となることもあります。

２０２２年４月１日に成年年齢の引き下げが施行されました。18歳になったら大人です。自由にできることが多くなる分、責任も重くなることを知っておきましょう。

また、飲酒や喫煙、競馬などの公営競技に関する年齢制限は、健康面への影響や青少年保護などの観点から、これまでと変わらず20歳のままなので注意してください。

少年法も改正され、２０２２年４月１日から施行されています。18歳、19歳の若者が罪を犯した場合、17歳以下の少年とは異なる「特定少年」

（図表 45）「ながらスマホ」の罰則強化について

運転中のながらスマホで一発免停も!
○自動車及び原動機付き自転車などの運転中の「ながらスマホ」は道路交通法で禁止され、罰則が強化された
○運転中の以下の行為は違反行為 【通話】スマホ、携帯電話などを持って通話する 【画面注視】カーナビ、スマホ、携帯電話などの画面を注視する
自転車運転中や歩行中も「ながらスマホ」に注意を!
○スマホや携帯電話を使用しながら自転車を運転することは、道路交通法で禁止され、違反すると罰金を科せられる。また、相手にケガを負わせた場合は、重過失傷害罪などに問われたり、被害者から損害賠償を求められたりすることもある
○「歩きスマホ」を条例で禁止したり、交通安全条例などで「歩きスマホ」に関して規定したりする自治体が増えています。スマホなどの画面を注視しながら歩行することは大変危険なので、避けるようにしよう

出典：政府広報オンライン『やめよう！運転中の「ながらスマホ」違反すると一発免停も！』および一般財団法人地方自治研究機構HP「歩きスマホ防止に関する条例」を元に作成

として、その立場に応じた取り扱いが定められました。

「特定少年」として引き続き少年法が適用されて家庭裁判所が処分を決定することになりますが、放火や強盗、強制性交など重大な罪を犯した場合は刑事裁判所に送られることになります。

軽はずみな行動の代償が重くなることの自覚を

また、47都道府県の全てで迷惑防止条例が定められています。禁じられている行為は、ダフ屋、痴漢、つきまとい、押し売り、暴力、盗撮、のぞきなどといったものです。条例に違反した場合、罰則が科せられます。

大学生活は自分の力だけでなく、家族などの協力もあって、ようやく手にしたものといえます。軽はずみな行動でせっかくの苦労を台無しにしてしまっては、悔やんでも悔やみ切れません。その後の人生に与える影響も計り知れないものとなることを十分に理解しておきましょう。

危険を防ぐポイント

1. ルールに違反すると何らかの罰が下ることは当たり前。常識を外れることなく、ルールを守ろう
2. お酒の勢いや、周りに流されて、大学生活を台無しにしてしまう行動は慎もう

46

海外旅行・留学
——日本人は狙われやすい！

思わぬことでトラブルに巻き込まれる可能性も

多くの大学生が夏休みなどを利用して海外へ渡航しています。[1] 海外旅行や留学はかけがえのない経験になる一方で、危険を伴うこともあります。大学生の痛ましい事件が報道されることもあり、最近では新型コロナウイルスがアジアから広がったとして日本人女性が暴力を振るわれる事件もありました。

海外旅行中に偶然知り合った人から頼まれて荷物を運んだところ、麻薬が発見された例もあります。自分は身に覚えがなくても、麻薬密輸の現行犯で逮捕され、その国の法律に照らして処罰される可能性もあります。

海外でも殺人、盗難、傷害、詐欺などの犯罪被害のほか、交通事故、登山事故、水難事故、自然災害といった事故・災害に遭ったり、テロやデモに巻き込まれることもあります。あるいは、急病や感染症にかかることもあります。[2]

陰性証明書など必要な書類の確認を怠らない

海外旅行に行く前には、外務省の「海外安全ホームページ」や各国の在日大使館・政府観光局のホームページなどで渡航先の情報を収集してください。外務省「たびレジ」（海外安全情報配信サービス）への登録もお勧めです。

また、海外で病院にかかると、予想以上に高額の医療費を請求されることもあるため、海外旅行保険に加入すると安心です。新型コロナウイルス流行の影響で出入国時にワクチン接種証明書や陰性証明書などの書類が必要なケースもあるため、事前によく確認するようにしましょう。

また、海外旅行時には日本大使館・総領事館、旅行代理店、航空会社、クレジット会社、保険会社などの連

1　2021年に海外へ渡航した日本人は年間約51万人〔日本政府観光局（JNTO）〕、海外に暮らす日本人は約134万人（外務省「海外在留邦人数調査統計令和4年版」）

2　海外での事故、事件、災害、所在調査などにより在外公館に援護を求めるケースも増加傾向にある。2020年の援護件数は約2.2万件、総援護人数は約1.5万人（外務省「2020年海外邦人援護統計」）

(図表 46) 海外へ行く際の注意点、トラブル時の対応について

●海外では次の点に注意する

- □危険な場所には近づかない。夜間の外出は控える
- □不用意に多額の現金や貴重品を持ち歩かない。特に人混みや電車内では、目の届く範囲にカバンを持ち、ポケットに携帯電話や財布などを入れないようにする
- □見知らぬ人を安易に信用しない。日本語で話しかけられても気を許さない。少額でもお金を貸してほしいなどの話に乗らない
- □買い物は信用のおける店を選ぶ。タクシーは信用できる施設で呼んでもらう
- □ホテルの中でも安心しない。貴重品は必ずセーフティボックスかカギをかけられる鞄に入れる
- □生水や氷を避け、食事は十分に火の通った信頼できるものを食べる。動物などにむやみに触らず、虫刺されなどに注意する

●もし海外でトラブルに巻き込まれたら、落ち着いて次の行動を

- □被害がある場合には速やかに最寄りの警察に届け出る
- □感染症にかかったら、早急に医療機関を受診し、渡航先、飲食状況、活動内容、ワクチン接種歴などを伝える。また、旅行代理店、ホテル、大使館・領事館へ速やかに連絡する
- □海外旅行保険に加入している場合は保険会社に連絡する
- □現地の日本大使館や総領事館に連絡する

※自分の力で解決できそうにない場合は躊躇することなく最寄りの日本大使館・総領事館に早めに相談する

絡先をメモして携行してください。パスポートを紛失した場合は最寄りの日本大使館・総領事館へ、クレジットカードを紛失した場合は、カード会社へ至急連絡して無効手続きなどを行ってください。

危険を防ぐポイント

1. 外務省の海外安全ホームページで治安状況や典型的な犯罪の手口について把握しておこう
2. 日本にいるとき以上に慎重に行動しよう
3. 海外旅行保険に加入して万が一に備えよう

47 就職活動・生涯設計
――就活を成功させるために、今からできること

企業の採用形態は徐々に変化

わが国では、大学卒業後に就職する人が大勢を占めています。2021年3月に大学（学部）を卒業した人は約58・3万人。そのうち正規・非正規職員などで就職した人の割合は約74％に上ります（図表47－1参照）。

就職活動は、大学生活の締めくくりとして非常に重要な位置づけにあるといえます。

日本経済団体連合会（経団連）のアンケート調査（2022年度「採用と大学改革への期待に関するアンケート結果」）によると、9割超の企業がWeb面接を実施しており、年間を通して採用活動を行う通年採用やあらかじめ勤務地や職務内容を明確に定めた上で採用するジョブ型採用を実施する企業も増加傾向にあります。

性格や向き・不向きを念頭に早めにキャリア形成の検討を

また、経団連の報告書（2021年度報告書「産学協働による自律的なキャリア形成の推進」）によると、学生は企業の情報提供などを活用して早い段階から自らのキャリアを検討し、インターンシップの就業体験のほか、職場での実務体験を伴うあらゆる機会を積極的に活用することが期待されています。

一方、学生側からは、自分にどんな仕事が向いているか、どんな企業が合っているか判断できないといった悩みをよく聞きます。

実際には、就職して働いてみないと分からない部分もありますが、『会社四季報』や『業界地図』などさまざまな情報源に当たることで企業のことを知ることができます。

また、インターネット上に公開されている、性格を16パターンに分類するMBTI診断や日本エニアグラ

（図表47-1）大学（学部）卒業者の主な進路状況の推移

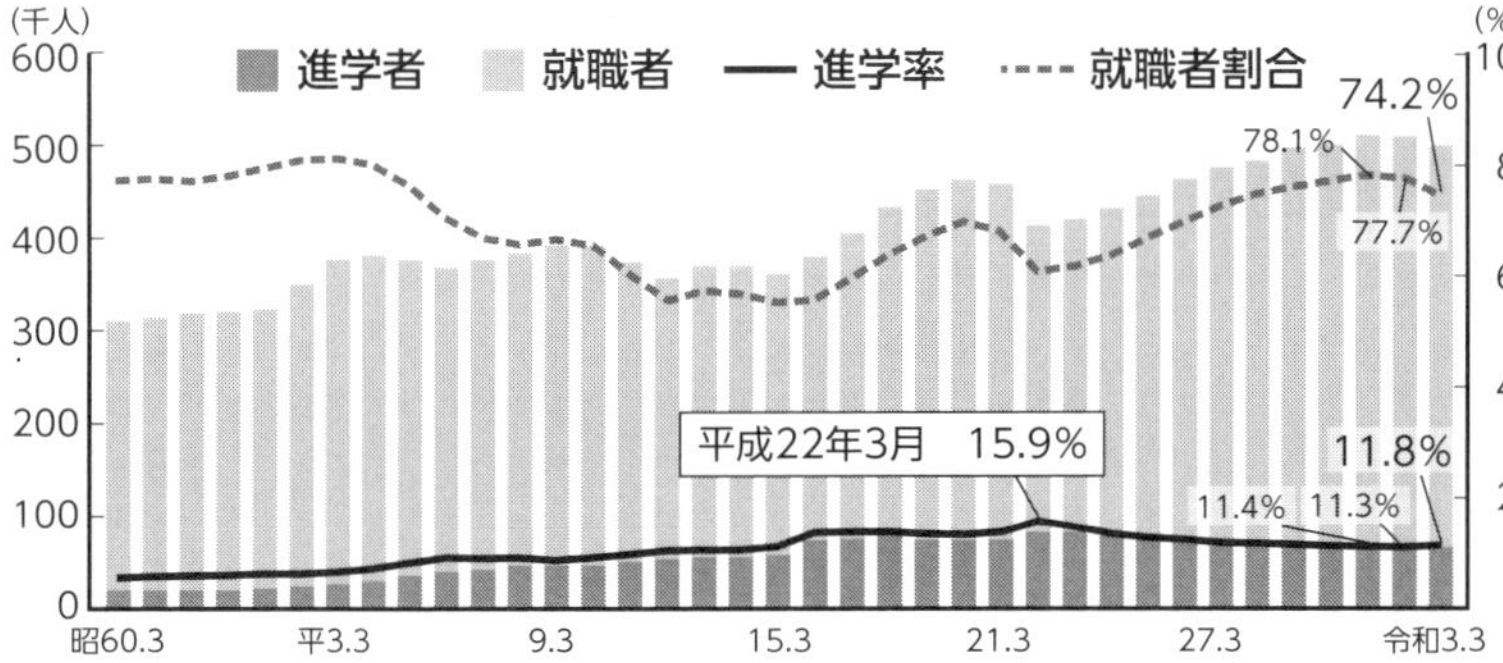

出典：文部科学省「令和3年度学校基本調査」

ム学会のタイプ診断、就活サイトが提供している自己分析ツールなどを活用して、自分の性格や向き・不向きについて考えてみたり、厚生労働省の職業情報提供サイトで自分に合う職業を調べてみたりするのもよいでしょう（図表47－2参照）。

ブラック企業に要注意！事前の情報収集を入念に

就職活動では「学生時代に力を入れたこと」を聞く企業が多いです。サークル活動や学業、アルバイトなど何かに打ち込んだ経験は、就職活動だけでなく今後の人生の糧となります。

ただし、特定の活動に過度の時間やエネルギーを注がないように気をつけましょう。内定後に留年した場合は内定を取り消されることもあります。自分が熱中する活動と学業、就職活動のバランスをうまく取るようにしましょう。

最近はブラックバイトとともに、いわゆる「ブラック企業」といった言葉が世間を騒がせています。

たとえば、雇用契約書をもらえなかったり、労働条件を提示してもらえなかったりする企業には注意する必要があります。休憩が取れなかったり、ノルマを達成しないと自腹で商品を買い取らなければならなかったり、残業代が支払われなかったり、ハラスメントを受けたりする企業は危険です。自分自身を守るためにも、危険を感じたら逃げるようにしましょう。

そういった企業を選ばないためにも、事前の情報収集を十分に行い、おかしいと思ったらすぐに家族や学校など周囲の大人に相談しましょう。

将来について不安を感じたら大学の就職相談窓口に相談を

社会人と学生をつなぐOB・OG訪問のためのマッチングアプリの利用は慎重に行ってください。過去にはマッチングアプリを介してOB訪問をした女子大学生が性的暴行を加えられたという事件も発生しています。一対一で夜遅い時間に人気《ひとけ》のない場所で会うといったことは避けましょう。

就職活動に対して不安に感じることがあれば、一人で考え込まずに大学の就職相談窓口に足を運んでみることをお勧めします。企業の採用情報などが得られるほか、面接のアドバイスなど細やかな対応が受けられるので、気軽に相談してみるとよいでしょう。

希望と異なる進路であってもさまざまな可能性がある

今や人生100年時代です。就職活動は長い人生における一つの通過点でしかありません。大学卒業後の就職は最終ゴールではありません。一つの企業に生涯勤めるのではなく、転職を含めた柔軟なキャリアも考えられる時代です。

たとえ最初は希望の企業や職種に就けなかったとしても、与えられたポジションでしっかり仕事に取り組み、さらには生涯学習などを通じてさまざまな知識や技能を習得していけば、自分の能力や可能性を広げていくことができます。それを実現できるかどうかは、あなた次第です。

危険を防ぐポイント

1. 就職を希望する企業では、どのような能力が求められているのかを調べておこう
2. 就活の進め方で困ったら、迷わず大学の就職相談窓口へ
3. 今は転職も考えられる時代。自分の目標を定め、そのための道筋を柔軟に考えよう

（図表 47-2）就活時に役立つ参考サイトの一例

厚生労働省の職業情報提供サイト（日本 O-NET）jobtag より

◇自分に合う職業を知りたい

☞ 職業興味検査

あなたの仕事に対する「興味」から適職を探索します。
https://shigoto.mhlw.go.jp/User/InterestTest/Step2

☞ 価値観検査

あなたの仕事に対する「価値観」から適職を探索します。
https://shigoto.mhlw.go.jp/User/ExplainMyself/Step2

◇ざっくりとしたイメージから探したい

☞ フリーワード検索

職業名やキーワードから職業を探します。
https://shigoto.mhlw.go.jp/User/Search/Freeword

☞ テーマ別検索

「ファッションの仕事」「音楽の仕事」などのテーマから職業を探します。
https://shigoto.mhlw.go.jp/User/Search/Theme

就活時のトラブル一例

ブラック企業
雇用契約書を受け取れず、労働条件が不明なまま就労させられる
有料セミナーなどへの強制加入
無料の就活セミナー受講後に有料の就活塾などへの加入を強制される
高額なビジネス教材などの販売
大学の OB・OG を名乗る人物に、SNS を介して高額なビジネス教材の購入を勧められる
就活セクハラ
OB・OG 訪問マッチングアプリを介し、女子大生が性的要求を受ける
個人情報の不正取得
就活セミナーなどを介し、不正に個人情報を取得するアプリケーションなどをダウンロードさせられる

48 多様性を受け入れよう
――身の回りのさまざまな違いを尊重しよう

国際的に性的多様性への理解が高まっている

近年、「多様性（ダイバーシティ）」という言葉をよく耳にするようになりましたが、これは何について「多様」であることを指しているのでしょう。

国内外を問わず、ニュースなどで取り上げられることも多くなってきたので、ＬＧＢＴという言葉を知っている人も多いと思います。

ＬＧＢＴとは、女性が女性を好きになるレズビアン（Ｌ）、男性が男性を好きになるゲイ（Ｇ）、異性だけでなく同性も好きになるバイセクシャル（Ｂ）と、自分の体と性自認（自分の性をどのように認識しているのか）が異なるトランスジェンダー（Ｔ）の頭文字であり、「性的少数者（セクシャルマイノリティ）」を意味しています。

こうした方々を異質とせずに尊重すること、それが性的な多様性を受け入れるということです。国際社会において、性的多様性の受容は当然のこととされています。

宗教や文化の違いを理解し、受け入れる

性的な側面だけでなく、国籍や人種、民族、宗教、価値観、身体・精神障害の有無、さらには年齢に至るまで、さまざまな人々全てが社会に存在することを「多様性」といっています。

特定の国や人種、民族、宗教の場合、宗教上食べてはいけない食材があったり、文化的に忌み嫌うジェスチャーがあったりします。また、他国では宗教観や人種問題、歴史認識において、日本人が考える以上にデリケートな問題が存在します。

障害を持つ大学生の数は年々増加していますし、身の回りに障害者がいることは自然なことになってきています。

私たちが暮らす社会には、子どもから高齢者まで年齢層もさまざまです。ベビーカーや車いすの人が、公共交通機関に乗れないといった出来事が起きることのない世の中を目指していきましょう。

自分と異なる相手と積極的な交流を

国際的なイベントの際、そのホスト国が「多様性を認めていない」という理由で、ゲスト国やゲストが参加を辞退するケースも見られます。多様性を認めるということは、今後ますます重視される考え方になっていくでしょう。

他者を尊重し、多様性を認めることのできる社会とは、私たち一人ひとりのことを大切にできる社会です。ぜひ、自分と異なる相手と積極的に交流し、互いに学ぶ経験をしてみてください。

（図表 48）ダイバーシティに関する国内企業の取り組み例

企業種	取組	具体的内容
IT企業	女性リーダーを増やす活動	・育児や介護との両立を支援する在宅勤務制度 ・キャリアビジョンを描くためのメンター制度、若手女性社員向けのキャリアについて考えるワークショップ ・6 割、8 割の働き方が選択できる短時間勤務制度 ・女性管理職の異業種ネットワーク、技術系女性社員の社内ネットワーク ・コアタイムなしのフレックス短時間勤務制度 ・事業所内に保育所を開設 ・女性社員向けのリーダーシップ開発研修
アパレル産業	1 店舗 1 人以上の障がい者を雇用	・2022 年現在の国内障がい者雇用率は 4.9%（日本の法定雇用率は 2.3%） ・1 店舗 1 人以上の障がい者雇用 ・店長や社員を対象とした障がい者雇用に関する研修
電機メーカー	外国人社員が働きやすい環境づくり	・母国の重要な行事への参加や数年に 1 度は母国で家族や親戚に会う機会を設けることを目的とした特別休暇の付与 ・お祈りするための個室を社内に整備 ・食堂メニューへの英語表記、宗教や食文化に対応するため、使用している肉を明記
住宅メーカー	定年年齢を引き上げ、スキル継承	・定年年齢を 65 歳に引き上げ ・65 歳での定年後の再雇用制度において、シニア社員のモチベーションダウンや、高度な専門性を持つ社員の流出を抑止するため、役職・処遇の継続、昇格の機会を設定
航空会社	LGBTQ に関する社内外の活動	・同性パートナーにも適用できる家族制度 ・LGBTQ関連のイベントやセミナーに参加 ・LGBT及びALLY（支援者、理解者）向けのツアーを実施

※ Q は、性的属性にとらわれない「クエスチョニング」の人々を指す

危険を防ぐポイント

1. 性、障害の有無、年齢、国籍や人種、民族、宗教などの多様性を理解し、尊重しよう
2. さまざまな違いのある人と交流することで、他者を尊重できる人になろう

49 リスクって何？

――ゼロリスクはありえない。リスクと上手に付き合おう

リスクを避けてばかりいると失うものがある

誰しもリスクは避けたいものです。しかし、残念ながらリスクをゼロにはできません。たとえば、交通事故のリスクをゼロにしようとしても、乗り物に乗ったり道路を歩いたりすることを一切せずに日常生活は送れません。生きること自体に、もれなくリスクがついてくるのです。

リスクを避けてばかりいると、大きなチャンスやベネフィットを失うことがあります。海外旅行はリスクを伴いますが、日本にはないさまざまな自然や文化に触れられるなど得るものもたくさんあります。インターネットの利用も同様です。

大切なことはリスクと上手に付き合うこと。ベネフィットとリスクは光と影の関係です。思い切ってリスクを取るべきときもあるでしょう。リスクをゼロにすることはできなくても、小さくすることは可能です。

世界のあるべき姿に向けて国際社会が動き始めている

また、みなさんの身の回りのリスクだけでなく、世界の、そして将来のリスクを小さくしていくことも考えてみてください。

２０１５年9月の国連サミットで採択された「持続可能な開発のための２０３０アジェンダ」で、ＳＤＧｓ（Sustainable Development Goals 持続可能な開発目標）という国際目標が示されました。「飢餓《きが》を終わらせ、持続可能な農業を」「全ての人々に安全な水とトイレを」「気候変動に緊急的な対応を」というように２０３０年にあるべき世界の姿を描き、その実現に向けて取り組みましょうというものです。

今のままでは飢えや不平等、差別など世界は大きなリスクを抱えたままになり、生物多様性は失われ、地球の存続すら危ぶまれます。

（図表 49）SDGs（持続可能な開発目標）17のゴール

1	貧困をなくそう
2	飢餓をゼロに
3	すべての人に健康と福祉を
4	質の高い教育をみんなに
5	ジェンダー平等を実現しよう
6	安全な水とトイレを世界中に
7	エネルギーをみんなに そしてクリーンに
8	働きがいも経済成長も
9	産業と技術革新の基盤をつくろう

10	人や国の不平等をなくそう
11	住み続けられるまちづくりを
12	つくる責任 つかう責任
13	気候変動に具体的な対策を
14	海の豊かさを守ろう
15	陸の豊かさも守ろう
16	平和と公正をすべての人に
17	パートナーシップで目標を達成しよう

このリスクは決して発展途上国だけの問題ではなく、ユニバーサル（普遍的）なものです。全世界の人々がリスクを小さくするよう取り組まねばなりません。

一人ひとりがフードロスを減らしたり、教育や労働に対する意識を高めて発言したりすることで、世界全体はあるべき姿に近づきます。こうした歩みを続けることは、みなさん自身の身の回りのリスクを小さくすることにもつながります。

自分の子どもやさらに先の世代のことも想像してみる

また、持続可能性の実現には、将来のリスクも考える必要があります。今、みなさんが享受している自然、社会、経済の恩恵を、みなさんの子ども、さらにその子どもの世代が受けられなくなるような事態は避けなければなりません。

想像してみてください。みなさんの子どもが大学生活を送っている姿を。その大学生活は豊かで安全なものであってほしいですよね。世界的・長期的な視野でリスクをとらえ、今すべきことは何かということをぜひ考えてみてください。

危険を防ぐポイント

1. 「ゼロリスクは不可能」「ベネフィットとリスクとは光と影の関係」ということを踏まえて、上手にリスクと付き合おう
2. 自分の身の回りだけでなく、空間的にも時間的にも大きな視野でリスクをとらえよう

50

自分でリスクを管理

――「自分ごと」の意識を身につけよう

「自分は大丈夫」と思い込むリスク認知バイアス

これまで大学生活にひそむリスクの解説をしてきましたが、実は、みなさんの中にも危険がひそんでいます。「思い込み（リスク認知バイアス）」と「ひとごと意識（主体性の欠如）」です。

知識を持つだけではリスクに対処することはできません。大切なのは、知識を持つことに加えて「これは危ないのではないか」とリスクに気づくこと、そして実際に自分で対処しようと行動を起こすことです。

ネット詐欺について聞いたことはあっても「自分は引っかからない」と思ったり、食生活が乱れているのに「自分は若いから病気になどならない」と思ったりしていませんか。「前も問題なかったから今回もたいしたことにはならない」「自分に限って」とか、あるいは「周りは心配していないから大丈夫」といった思い込みでリスクをゆがめてしまうことを「リスク認知バイアス」といいます。

このような思い込みは誰にでもあるため、思い込みにとらわれることなく客観的な判断力を養い、リスクに気づけるようにしましょう。

ＰＤＣＡサイクルに沿ったリスクへの対処を実践しよう

これまでみなさんのリスクは、保護者をはじめとする大人が先回りして気づき、対処してきたかもしれません。しかし、これからは誰かが対処してくれるのではなく、「自分のリスクには自分で対処する」という主体的な意識を持つことが必要になります。

ＰＤＣＡサイクルという管理業務を円滑に進める手法があります。目標達成のために計画を立て（plan）、実行し（do）、それを評価し（check）、見直すべきところを改善する（act）、

（図表50）PDCAサイクルとしてのリスク管理の例（海外旅行を例に）

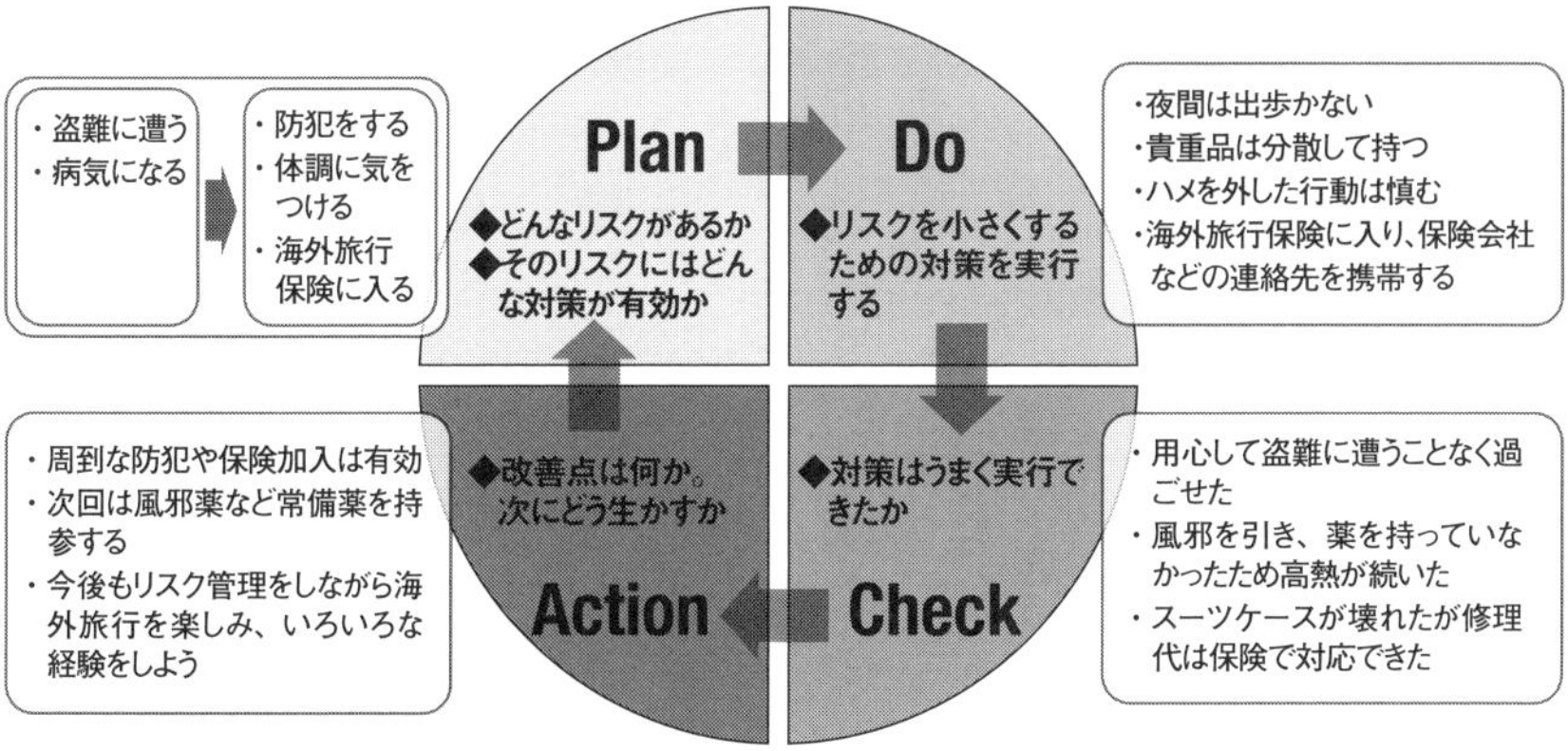

という一連のサイクルを意味します。実はリスクへの対処は、このPDCAサイクルに沿って行われるプロセスです。これをリスク管理（リスクマネジメント）といいます。

自分の今と将来にどのようなリスクがあるか。それをどのような方法で小さくするか。事が起きてから対症療法的に対応するのではなく、日ごろから事前に考えておくのです。そして、うまくいかなかった場合には、どこがよくなかったのか、次はどうすればいいかを考えます。

リスク管理を「自分ごと」に 意見交換や情報共有も積極的に

主体的なリスク管理には、日ごろから友人や親などと意見交換や情報共有したり、ときには助け合ったりすることが大切です。大学の教職員とも相談できる関係を築いておくと心強いです。

リスク管理には継続性が重要です。ぜひ「自分ごと」としてとらえながら、リスクと上手に付き合っていってください。夢や目標を実現させる過程では、思い切って取るべきリスクもあることでしょう。みなさんがこれからの人生を輝かしく充実したものとされますよう、心から願っています。

危険を防ぐポイント

1.「自分には起こらない」という思い込みが最大のリスクであることを知っておこう
2.「自分のリスクには自分で対処する」という意識を持とう

社会で羽ばたく春人&優奈たち

【巻末付録】

最新データで見る
大学生活のリスク（困りごと）

大学生活における各種リスクをデータ・事例から読み解いていきます。ぜひ、「自分ごと」として大学生活をイメージしながらお読みください。

データ1
大学生が気をつけておきたい病気・ケガは？

大学生協の「CO・OP《コープ》学生総合共済」（元受団体：日本コープ共済生活協同組合連合会）は、学生どうしの助け合い制度です。学生生活における24時間365日の「もしも」に備え、全ての学生の学業継続を妨げるさまざまな生活リスクに対応した保障を設けています。

『大学生協の保障制度からみた病気・ケガ・事故 年次報告2021』（以下、年次報告）は、この保障制度の共済金および保険金支払実績データなどを分析し、大学生の病気やケガについての実情をまとめたものです。

体だけでなく こころの病にも要注意

年次報告によると、新型コロナウイルス感染症・精神疾患を除く2021年度の支払件数は8143件でした（表1）。入院の要因となった疾患では消化器系と呼吸器系が群を抜いて多くなっています（表2）。

消化器系疾患は①歯の発育および萌出《ほうしゅつ》異常、②急性虫垂炎《ちゅうすいえん》、③不正咬合《こうごう》、歯、顎《あご》、顔面の異常の順に多く、呼吸器系疾患は①気胸《ききょう》、②慢性扁桃炎《へんとうえん》、③急性扁桃炎の順に多く見られました。

（表1）病気を有する学生の傾向
（新型コロナウイルス感染症・精神疾患を除く）

	件数	割合
1年生	991件	12.2%
2年生	1.690件	20.8%
3年生	1.741件	21.4%
4年生	2.025件	24.9%
5年生以上	973件	11.9%
院生	723件	8.9%
計	8.143件	100.0%

精神疾患を除く共済金請求時の学年

（表2）大学生の入院病気分類（新型コロナウイルス感染症・精神疾患を除く）

	件数	割合
消化器系の疾患	2,862件	35.1%
呼吸器系の疾患	1,425件	17.5%
腫瘍（新生物）	713件	8.8%
神経・感覚器の障害	464件	5.7%
泌尿器・生殖器の疾患	423件	5.2%
感染症（4類、5類）	417件	5.1%
筋肉・骨格・関節の障害	364件	4.5%
循環器系の障害	313件	3.8%
皮膚・皮下組織の障害	188件	2.3%
その他	974件	12.0%
計	8.143件	100.0%

2年生以降になると精神疾患を有する学生が増えており、就職活動やゼミ活動が始まる3、4年生で特に多く見られます（表3）。入院の要因となった精神疾患は躁うつ病が最も多くなっています（表4）。また、精神疾患の場合、その他の病気に比べ平均入院日数が長くなる傾向があります（表5）。

（表3）精神疾患を有する学生の傾向

	件数	割合
1年生	24件	5.9%
2年生	71件	17.4%
3年生	94件	23.0%
4年生	99件	24.2%
5年生以上	68件	16.6%
院生	53件	13.0%
計	409件	100.0%

精神疾患による共済金請求時の学年

（表4）精神疾患による入院病気分類

	件数	割合
躁うつ病	167件	40.8%
他に分類されない精神障害	93件	22.7%
統合失調症	68件	16.6%
不適応反応	31件	7.6%
その他	50件	12.2%
計	409件	100.0%

（表5）精神疾患とそれ以外の病気の平均入院日数の比較

精神疾患の平均入院日数
46.5日
精神疾患以外の平均入院日数
8.5日

（表6）「こころの早期対応保障」利用状況

	件数	割合
1年生	137件	6.2%
2年生	423件	19.3%
3年生	555件	25.3%
4年生	359件	16.4%
5年生以上	393件	17.9%
院生	326件	14.9%
計	2,193件	100.0%

こころの早期対応保障による共済金請求時の学年

精神疾患の病状が深刻になる前に早期の治療（受診）を促すことを目的に設けられた「こころの早期対応保障」の2021年度の利用件数は2193件に上っています（表6）。

大学生になると環境や生活に大きな変化があり、メンタルヘルスに不調をきたす学生は少なくありません。精神疾患の場合、入院期間が長引きやすい傾向があるため、学業継続に支障が出る恐れもあります。心に負担を感じるようなことがあれば、医療機関を受診したり、学生生活無料健康相談テレホン（からだとこころの健康相談、後述）に相談してみてください。

交通事故より
スポーツ事故が多い

次に大学生に多いケガについてです。

こちらはスポーツ事故が圧倒的に多くなっています。次いで交通事故、日常生活中のケガが続きます。

ケガの場合も同様に、入院すると学業の継続に支障をきたす可能性があります。

2021年度の支払件数はサッカー・フットサルが最も多かったものの、平均入院日数が最も長かったのは、スキーの14・1日でした。支払件数は少ないものの、バレーボールやハンドボールの平均入院日数はそれぞれ12・6日、12・3日と長引きやすい傾向が見られました（表7）。

スポーツ事故だけでなく交通事故についても、どのような事故が多く、また入院日数が長引きやすいかを把握しておくとよいでしょう（表8）。

（表7）スポーツ事故の競技別支払件数と平均入院日数

競技名	支払件数	平均入院日数
サッカー・フットサル	235件	11.3日
ラグビー	152件	9.2日
アメリカンフットボール	133件	11.8日
バスケットボール	98件	10.8日
スノーボード	92件	6.0日
野球	75件	8.4日
スキー	53件	14.1日
ラクロス	49件	8.4日
ハンドボール	46件	12.3日
バレーボール	41件	12.6日
柔道	25件	10.2日
その他の競技	260件	―
計	1,259件	

（表8）交通事故の事由別支払件数と平均入院日数

事由	支払件数	平均入院日数
自転車（運転中）	146件	8.4日
自動二輪（運転中）	99件	16.5日
原付（運転中）	51件	13.8日
自動車（運転中）	20件	23.1日
歩行中	16件	18.8日
その他	20件	―
計	352件	

学生死亡原因の7割近くが自殺

学生の死亡原因について、2019年度以前は、死亡全体の40％台で推移していた自殺の割合が、20年度では60％に増加し、21年度ではさらに66・9％まで上昇しました（表9。件数：19年度58件→20年度81件→21年度97件）。

厚生労働省発行の「自殺対策白書」でも、5歳ごとに区切った年代別の死因順位で、15〜39歳の各年代の死因で最も多いのが自殺となっており、「我が国における若い世代の自殺は深刻な状況にある」とされています。

生命共済加入者の自殺での学年別死亡件数は、4年生が最も多くなっており、就職や進学などで大きな転

（表9）学生の死亡原因別支払件数と割合

競技名	支払件数	割合
自殺	97件	66.9%
循環器系の障害	10件	6.9%
腫瘍（新生物）	7件	4.8%
精神障害	7件	4.8%
日常生活中の事故	7件	4.8%
交通事故	5件	3.4%
その他の病気	12件	8.3%
計	145件	100.0%

機に直面することが原因と推察されます。

学生総合共済では加入者への安心サポートとして、学生生活無料健康相談テレホン「からだとこころの健康相談」「くらしの相談」を設置しています。多くの学生加入者とその保護者からの相談に、24時間365日対応しています。

大学生協では、年次報告掲載データなどをもとに大学の保健管理施設、学生相談室とも連携しながら、学生が主体的に「予防活動」を実践しています。

全国大学生協連のホームページに「学生生活の健康と安全」というサイトがあります。ここでは、学生生活を心身ともに健康で安全に過ごすため、大学生協として有益な情報を厳選し、受験生や大学生、保護者だけでなく大学の学生支援、保健管理、学生相談のみなさまにも向けてお届けしています。

ぜひ、併せてご覧ください。

■アドバイス1

大学進学が決まったら、現在ご加入の保険や共済の内容をしっかりと見直して、学生総合共済なども有効に活用して、大学生の生活リスクにしっかりと備えましょう。

データ2
大学生が気をつけておきたい賠償事故は？

年次報告によれば、学生賠償責任保険の1年間の「事故分類による賠償事故の傾向」(合計1547件)は、自転車事故が767件と圧倒的に多く、水もれ事故195件が続きます。

自転車事故は、コロナ禍が収まればさらに増加することが予想され、今後ますます注意が必要です。一人暮らしによる洗濯機などからの水もれ事故にも気をつけましょう。

大学生に特徴的な賠償事故は、正課の講義・行事・実習中やインターンシップなどで起きた事故です。

実際の支払事例をいくつかご紹介します。

支払事例

【正課の講義などにおける事故】

・大学2年生

→支払保険金　11万9240円

研究室で転び、大学のノートパソコンを落として破損させてしまった。

【インターンシップ中の事故】

・大学院生

→支払保険金　2343円

インターンシップ先から借りていた装具の部品を紛失し、弁償した。

【針刺し・感染事故】

・大学6年生

→支払保険金　4万317円

医療研修中に誤って針を刺し、通院が必要となった。

大学生には、高校生までとは違う大学生ならではの生活リスクがあることを十分に理解しておきましょう。

■アドバイス2

大学進学が決まったら、自転車事故や一人暮らしでの水もれ事故はもちろん、正課の講義・実験実習・インターンシップなどの賠償リスクにも対応できる学生賠償責任保険などに加入するなど、万が一の場合にもしっかりと備えておきましょう。

データ3 大学生が気をつけておきたい生活上のトラブルは？

大学生協の「学生生活110番」は、学生のさまざまな悩みやトラブルに対し、相談・各種機関の窓口紹介・出勤サポートを提供しています。

2021年度の利用実績件数は生活相談電話サポートが6122件、トラブル出勤サポートが1万4711件（合計2万833件）です。

サポート別受付件数は、前述の生活相談電話サポートが最も多く、自転車のサポート（5863件）、水回りのサポート（5740件）、カギのサポート（2248件）の順に多くなりました。自転車と水回りは、【データ2】の大学生に多い賠償事故とも重なります。

大学生から一人暮らしを始める人も多く、カギのトラブルにも十分に気をつけましょう。

日々の暮らしに安心感を

時間帯別の受付件数比率は、0時～6時が4％、6時～12時が29％、12時から18時が45％、18時～24時が22％です。生活上のトラブルの4分の1強が夜間～早朝に起こっています。

利用者の声（ご本人が公開を了解）をご紹介いたします。

【病院案内】

・一人暮らし　東京都　女性

困ったときに相談できる相手がいると思うと安心感があっていいなと思いました。お世話になる頻度はあまり高くないのですが、何かあったときにいつでも対応してもらえるという安心感があってよいです。

【排水溝の詰まり】

・実家暮らし　千葉県　男性

深夜だったが大変丁寧に対応していただいた。水回りのトラブルに素早く対応してもらえるので、入っておくべきです。

こうした声から、大学生の生活リスク（困りごと）を垣間見ることができます。

どのようなトラブルが起きやすいかを知り、普段から気をつけて生活するようにしましょう。

◎まとめに代えて

ここまで、大学生が気をつけておきたい病気・ケガ、賠償事故、生活上のトラブルについて紹介してきました。

みなさんにぜひともお伝えしたいことは、それぞれのリスクは別々に存在しているわけではない、ということです。

たとえば、「学業で深刻な悩みごとがあり、通学中に自転車の運転に集中できずに賠償事故を起こしてしまい、自分自身もケガをした」「一人暮らしをしていて真夜中にキッチンから水もれを起こし、実家に電話しても連絡がつかずパニックに陥ってしまい、滑って頭を4針縫うケガをした。下の階にも水がもれて被害を及ぼしてしまった」など、複数の問題やトラブルが重なり、相互に影響を及ぼします。

ささいな悩みやトラブルが重大な問題や事故に発展していく可能性もあることを理解しておきましょう。

■アドバイス3

大学進学が決まったら、一人暮らしの場合はもちろん、実家暮らしであっても生活そのものが大きく変化し、さまざまなリスクが増大します。一見見落としがちな新生活のトラブルにもしっかりと備えておきましょう。

■アドバイス4

大学生の「こころ」「からだ」「くらし」は切り離すことはできません。学生生活24時間365日の生活リスク（困りごと）に「丸ごと備える」発想で大学生のために提供されている共済・保険などを上手く活用し、起こり得るリスクに備えておきましょう。

～著者紹介～

株式会社三菱総合研究所

1970年、三菱創業100周年記念事業として設立された総合シンクタンク。現在は三菱総研グループの中核として約1000名の研究員を擁し、シンクタンク・コンサルティングサービス、ITサービスを中心に幅広い領域での事業展開と、社会変革を先駆ける研究・提言活動に取り組んでいる。

全国大学生活協同組合連合会

全国200を超える大学にある大学生協が加入し、学生や教職員の生活の向上を図っている団体。特に学生が安心して大学で学び、生活が送れるよう、さまざまなサポートを行う。

日本コープ共済生活協同組合連合会

大学生が病気や事故に遭わないための取り組みも積極的に推進している「CO・OP学生総合共済」（学生どうしのたすけあい制度）の元受団体。

奈良由美子

放送大学教授。1996年奈良女子大学大学院博士課程修了。㈱住友銀行、大阪教育大学助教授、放送大学准教授を経て2010年12月より現職。専門はリスクコミュニケーション論、リスクマネジメント論など。内閣官房サイバーセキュリティ戦略本部重要インフラ専門調査会委員、内閣府「防災スペシャリスト養成」企画検討会委員。

リスクに備《そな》える最新情報版《さいしんじょうほうばん》
大学生《だいがくせい》が狙《ねら》われる50の危険《きけん》

2023年2月15日　第1刷
2024年2月25日　第4刷

著　　者　株式会社三菱総合研究所《かぶしきがいしゃみつびしそうごうけんきゅうしょ》
全国大学生活協同組合連合会《ぜんこくだいがくせいかつきょうどうくみあいれんごうかい》
日本《にほん》コープ共済生活協同組合連合会《きょうさいせいかつきょうどうくみあいれんごうかい》
奈《な》良《ら》由《ゆ》美《み》子《こ》

発行者　小澤源太郎

責任編集　株式会社 プライム涌光
電話　編集部　03(3203)2850

発行所　株式会社 青春出版社
東京都新宿区若松町12番1号〒162-0056
振替番号　00190-7-98602
電話　営業部　03(3207)1916

印刷　大日本印刷　　製本　大口製本

万一、落丁、乱丁がありました節は、お取りかえします。
ISBN978-4-413-11392-2 C0070

©Mitsubishi Research Institute, Inc./
National Federation of University Co-operative Associations/
Japan CO-OP Insurance(Kyosai) Consumers' Co-operative Federation/
Yumiko Nara 2023 Printed in Japan

本書の内容の一部あるいは全部を無断で複写（コピー）することは著作権法上認められている場合を除き、禁じられています。

学生時代に読んでおきたい
青春出版社のロングセラー

何のために本を読むのか
齋藤 孝［著］
ISBN978-4-413-04601-5 本体950円

常識として知っておきたい 日本語ノート
齋藤 孝［著］
ISBN978-4-413-04631-2 本体900円

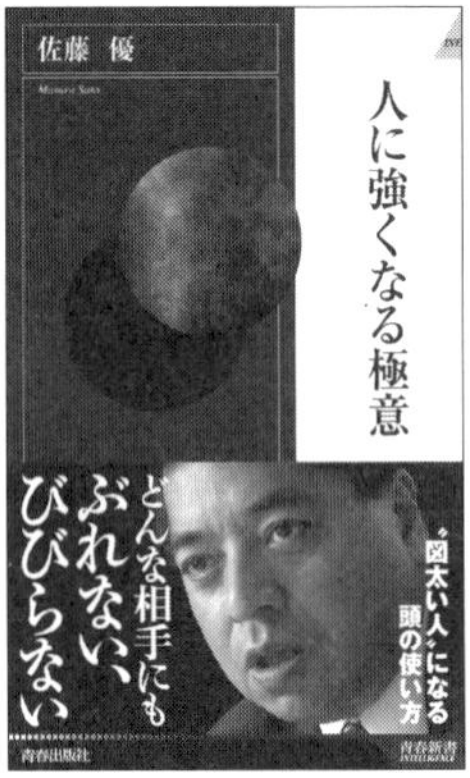

人に強くなる極意
佐藤 優［著］
ISBN978-4-413-04409-7 本体838円

日本人のしきたり
飯倉晴武［編著］
ISBN978-4-413-04046-4 本体667円

日本人が言えそうで言えない 英語表現650
キャサリン・A・クラフト［編著］
里中哲彦［編訳］
ISBN978-4-413-04655-8 本体980円

語源×図解 くらべて覚える英単語
清水健二［著］
ISBN978-4-413-04620-6 本体1100円

お願い
ページわりの関係からここでは一部の既刊本しか掲載してありません。
折り込みの出版案内もご参考にご覧ください。